看得见的风口：

药店直播时代到来

总顾问：唐先伟

顾　　问：林秀芹　宋　涛　虞海明　邹宗平　杨贵元

主　　编：赵　飚　李从选　齐　丽

执行主编：代　航　李　光

副主编：徐郁平　林承雄　秦光霞　蔡　刚　曲文浩

厦门大学出版社 XIAMEN UNIVERSITY PRESS | 国家一级出版社 全国百佳图书出版单位

图书在版编目(CIP)数据

看得见的风口:药店直播时代到来/赵飚,李从选,齐丽主编.—厦门:厦门大学出版社,2022.3
ISBN 978-7-5615-8527-6

Ⅰ.①看… Ⅱ.①赵… ②李… ③齐… Ⅲ.①药品—专业商店—网络营销—研究—中国 Ⅳ.①F717.5

中国版本图书馆 CIP 数据核字(2022)第 034641 号

出 版 人 郑文礼
责任编辑 眭 蔚

出版发行 厦门大学出版社
社　　址 厦门市软件园二期望海路 39 号
邮政编码 361008
总　　机 0592-2181111 0592-2181406(传真)
营销中心 0592-2184458 0592-2181365
网　　址 http://www.xmupress.com
邮　　箱 xmup@xmupress.com
印　　刷 厦门集大印刷有限公司

开本 720 mm×1 020 mm 1/16
印张 13.5
插页 2
字数 170 千字
版次 2022 年 3 月第 1 版
印次 2022 年 3 月第 1 次印刷
定价 80.00 元

本书如有印装质量问题请直接寄承印厂调换

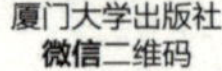

厦门大学出版社
微信二维码

厦门大学出版社
微博二维码

序一　大胆尝试，开拓进取

李文杰

赵飚、李从选、齐丽任主编，代航、李光担任执行主编，众多国内区域连锁药店企业家一起编写的《看得见的风口：药店直播时代到来》一书，由厦门大学出版社公开出版发行，我在此代表中国医药物资协会表示热烈祝贺！

利用在厦门大学研修学习的机会，药店企业家们静下心来，选择一个课题，充分收集资料，调查研究，一边写作讨论，一边实践总结，我认为，这本身就是一个大胆的尝试——既是同学们学业上的尝试创新，又是一次集体智慧的荟萃。这种学风和做事的思维逻辑，特别值得提倡，也特别期待同学们在此基础上能做出更多的尝试，开拓进取，获得更多的经验和成果。

中国医药物资协会一直秉承“企业家办会”的宗旨，团结医药企业家，帮助医药企业成长壮大。在当今复杂多变的医药环境里，企业家既要埋头拉车，又要抬头看路，很多时候，我们都需要深度交流和思想的碰撞，需要在某种特定的情景里激发集体的智慧，形成一定的共识。就比如这本书的参写主体，他们在厦门大学营造的氛围里汲取知识，开拓视野，同时更加重视学以致用，用做课题、写书的方式，关注目前医药行业最前沿、最富有挑战性的直播风口，检视自己的企业是否具备条件能力赶上风口。这本书的作者们是否达成共识、达成多少共识并不重要，他们是否要去赶这个风口也不重要，重要的是，他们经历了这个集体思考和论证的过程！我想，这就已经足够了。

有没有在思想和行动上去试图完整地经历一件事，然后去做这件事，应该有很大的不同。至于有哪些不同，我们如果认真地去读一读这本书，我想答案或许就在书里。

许多开创性的工作，就是要有人敢于尝试。如果都没有勇气迈开第一步，哪里还会有后面的进取呢？

是为序。

（作者系中国医药物资协会常务副会长、漱玉平民大药房连锁股份有限公司董事长）

序二　直播传信言　佳品泽天下

林秀芹

中国医药物资协会厦门大学连锁药店总裁研修班的企业家学员集体创作的《看得见的风口：药店直播时代到来》一书即将出版问世，首先表示热烈的祝贺。我有幸成为本书的第一批读者，深感高兴与欣慰。

与协会结缘多年，常惊异与感佩于协会的两大特色：一是协会领导的凝聚力和感召力。这或许没有比将日理万机、惜时如金的企业家们团结在一起撰写一本书更好的证明了。二是企业家学员们求知、创新的精神与劲头。课里课外、会上会下，学员们总是孜孜不倦地讨论、切磋时代前沿的话题。这本书可谓是企业家们集体讨论、亲身实践后的经验总结和思想结晶。

本书用一个个鲜活的事例诠释医药行业直播链条的关键环节和元素。如何打造网红门店、网红药师、网红店长、明星药店、明星产品？直播是风口还是陷阱？对这些问题，大多尚无明确的答案。也许商业世界本没有所谓正确的答案。作者们拥抱直播风口的经验分享本身就是对社会的一份厚赠。

医药物资事关民众生命健康，不可或缺。中华民族或许是地球上最重视养生的族群，又以数千年积淀的中医药文化和偏方宝库为根基，医药健康产业前途不可限量。但是，药店与消费者因信息不对称，信任机制屡遭挑战，盼协会同仁倍加努力，借直播风口，将佳药良方广为传播，施达万户，造福社会大众。

如此，则是国家之福，民众之福，企业之福。

（作者系厦门大学知识产权研究院院长、《中外知识产权评论》主编）

序三　创新，才有机会

王李珏

企业家是一个做梦都在想要创新的群体，特别是我们所处的时代，技术革新，政策更迭，思维模式与消费习惯的快速变化等，时时触动创业者的每一根神经。医药行业的创业者更是如此。

很多时候，创新是创业者的天性使然，也受到个人经历、个性、经验、直觉、信念与价值观等因素的影响，更受到企业资源条件、与外在环境相互作用的诸多客观因素的影响。我承认，自己在推动企业创新求变的发展历程中，会经常受到主客观因素的交互影响，这些因素有如脑电波的曲线，彼此交融，相互影响，有时也让人千愁百结，给每位创业者平添不少惆怅。其最主要的原因，在于我们对未来发生的事还没有足够的自信，也缺乏一个充分的认知过程。在医药环境极为复杂多变的今天，这种感觉特别强烈。

只有我们明确心中所求，在创业者的内心建立起信念，才能由内而外生起新念，革陈创新，道术相融。只有敢于实践，敢于尝试，我们才会知道自己的内心到底是在求什么，需要一个什么样的世界来体现我们的存在价值，并且创造价值。

读《看得见的风口：药店直播时代到来》，我强烈感受到药店企业家们的创新激情，体验到那种丝丝入扣、反复论证的逻辑演绎。我甚至认为药店企业家们是幸运的，这样一批专家和企业家打成一片，浑然一体，对药店直播所做的这一番梳理，让我们好像已经看见了这个风口。企业家的创新在这里，不是去无知无畏冒险，不是对未来的不确定产生恐惧，而是坦然面对，从容选择自身资源条件与市场要素的最优组合。我以为，这样的集体创新，或许就是应对未来不确定性的有效方式。

无论如何，创新才有机会，创新才能改变我们自己和整个世界！

（作者系中国医药物资协会副会长、广东阿康健康科技集团有限公司董事长兼总经理）

序四　新机会，新作为

曹智刚

作为一家传统医药工业企业的代表，我一直关注医药零售市场的变化，关注新零售(尤其是直播)带给医药产业的新变化、新机会。《看得见的风口：药店直播时代到来》一书的出版，可以让我们看见并研究新机会，找到企业的切入口，力争有新作为。

我很有幸加入这本书的写作与讨论。在本书中，我们提出了“供应链直播”的新概念，也在这一概念下审视了自己企业的一些做法。药店直播如果真正开展起来，一定能够给工业企业的市场营销带来诸多新变化，虽然我们现在还不是十分清楚这些变化与自己企业发展的关系，以及以何种程度、何种力度介入药店直播为宜，但是在一个讲求创新的时代，你能抓住哪怕是一个局部创新的市场机会，说不定就能影响全局。

2020年，疫情加速了全民直播时代的来临，网络直播井喷式的发展有目共睹，直播已经完成了从娱乐方式到数字化营销解决方案的扩展，全方位地影响人们的生活方式和工作方式，成为万亿级的新兴产业。

2020年，药店迎来的不仅有新冠疫情，还有受带量采购、医保控费等因素影响而缩减的销售额，以及持续下滑的客流，如何保存量、求增量成为药店最迫切的需求。此时，新零售背景下的新风口——直播带货，成为当下热点。无论是私域流量的挖掘，还是公域流量的拓展，直播都可以准确地找到它的切入点。直播在医药产业的应用需求也日趋紧迫，越来越多的传统零售药店、医药工业都渴望从这个高效、直观的互动方式中完成自我发展。另外，直播在医药产业的应用也将为医药产业破除更多的行业壁垒，带来更大的行业价值，比如，可以通过直播解决远程医疗、远程学习、患者教育问题，改变更多医疗资源分配不均的现状等。所以，对于医药行业而言，面对如此大的风口和机会，我们绝不可错失！

我愿意和药店企业家一起，毅然决然步入这个即将到来的药店直播时代，中流击水，有所作为，创造我们更加美好的未来！

（作者系中国医药物资协会副会长、赛灵药业科技集团股份有限公司董事长）

序五　一起发现，共同努力

龚　波

20 年前，平价药房开始在全国兴起，我做过一家知名平价药房的北京公司总经理，后来负责全国市场，再后来做过医药电商、互联网专科医疗，直到 2018 年进入药联健康，带领团队深耕药店商业保险领域，立志做中国零售药店最好的“第二医保——商业保险”专业服务平台。

也因此，我与中国医药物资协会以及厦门大学区域龙头连锁药店的企业家同学成为好朋友、好的合作伙伴，为了让药店融入商业保险领域，让商业保险为药店发展赋能助力的创新工作，我倾注了几乎全部的激情。

目前药店行业发展进入了新的阶段，各种因素交织影响，让药店行业的经营遇到很多困难，这必然带来行业的重大调整。《看得见的风口：药店直播时代到来》一书的出版，正逢其时，为处于重大调整期的药店行业提供了一个新的视角。

药店直播，打造网红药店和网红药师，是互联网时代药店打造品牌的重要路径，是互联网时代药店专业化与个性化结合的新范式——这也恰恰是一个广泛传播与有温度服务结合的风口。它可以为药店获得更多有黏性的顾客，也可以成为药店行业数字化转型升级的关键一步。这不仅对龙头连锁药店企业发展的意义重大，对于大量的中小型药店也将具有极强的引领示范作用。

当前形势下，药店行业的数字化升级是行业发展的必然，是未来药店发展的核心能力。它包括药店内部经营管理数字化，以提升效率降低成本；也包括对外部药店品牌构建和为顾客提供健康服务手段的数字化；还包括融合推进商业保险、处方外流等药店行业重大战略发展方向的数字化。而药店直播，就是药店数字化变革的必由之路。通过药店直播，药店可以主动出击，转变营销模式，把数字场景引进到药店服务场景之中，把数字消费融于专业药学服务、健康管理的时代洪流之中。

在长期看好自己从事的药店商业保险事业的同时，我也看好药店直播的未来。未来，商业保险助力药店，为顾客提供更多更好的服务；药店直播让顾客更快地接受、认可药店提供的服务。这肯定有许多跨界合作的机会，只是这需要我们一起去发现，一起去创新。

让我们共同努力吧！

（作者系中国医药物资协会连锁药店分会秘书长、药联健康高级副总裁）

目 录

席卷而来的网络直播

代　航　姚　军　周　立

直播是目前最让我感到激动的事。

——Facebook 创始人兼 CEO 马克・扎克伯格

网络无处不在。网络直播就在我们的生活里，甚至就是生活的一部分。对于想借助网络直播模式转型发展的企业或个人而言，我们会问自己：这是风口还是陷阱？网络直播进入垂直领域，既是一种趋势，又是企业着眼于行业未来发展前瞻判断的一种自主选择——而做好网络直播内容，一定会是直播王道。展望未来，网络直播又将走向何方？我们希望用感同身受的文字，与你一起迎接时代风潮。

人人皆可播

直播（"网络直播"的简称，下同）这个词，已为各行各业广泛使用。从传统媒体的中心化新闻直播、现场报道、电视购物，到今天借助去中心化的互联网技术、自媒体、直播平台等，尤其是移动互联网智能手机具有直播功能的小程序、App、各种插件，直播炙手可热，已经成为企业转型升级、实施新零售计划的重要方式，直播更成为草根百姓改变生活甚至命运的一个有效途径——不仅是在线娱乐、游戏、学习、工作、购物，享受直播场景带给每个人的种种便利和新奇体验，最重要的是，今天的网络直播极速产业化，催生出一个巨头林立的平台主导行业。移动互联网的普及以及网络直播本身的去中心化、平权化，使得每一个企业和个人都可以融于其中，借助直播来开辟带货的新零售通道，借助直播来展现和改变自己的生活，真可谓众声喧哗、众生欢快、众生参与、众生分享，一个万物皆可播、人人皆可播的时代俨然到来！

据统计，我国现有 1500 余家直播电商企业，2.8 万家网络直播营销服务机构（企业），网络主播账号超过 1.3 亿个。

艾瑞咨询在《2020—2021 中国在线直播行业年度研究报告》的数据表明，2020 年我国整体在线直播用户规模达 5.87 亿人，直播相关企业 8.1 万家（B 端用户逾 120 万家），直播电商市场规模达 9610 亿元。2020 年 1—11 月，电商直播场次超过 2000 场，活跃主播超过 40 万，观看人次超过 500 亿，上架商品数超过 2000 万种。

这个近万亿级新兴市场的快速崛起，是有它的原因和内在逻辑的。近因主要是 2019 年电商直播开启和 2020 年疫情期间视频号的兴起。

2019 年 6 月，工业和信息化部正式向中国电信、中国移动、中国联通、中国广电发放 5G 商用牌照，这给平台电商争夺新流量提供了基础设施条件。这一年，中国手机网络支付用户规模超过 7 亿人，人们使用移动支付的习惯已经养成；与直播息息相关的视频（含短视频）用户规模达 8 亿人，其中短视频用户规模超过 7 亿人。直播账号数量剧增（比 2018 年增加一倍），各个平台的网络主播、企业和个人 IP 账号十分活跃；资本市场也在这一年高度关注，大举进入。此时，从 2016 年就开始试水直播卖货的淘宝，还有此后快速跟进的快手、抖音、京东、苏宁、拼多多、小红书、腾讯看点等，纷纷发力直播业务。以淘宝为例，2019 年实现了对全行业、全领域的覆盖，培育了 177 个年成交过亿的主播，带动 2000 亿成交额，占据整个市场份额近 70%。仅在“双 11”期间，淘宝直播完成近 200 亿成交额，其中有 10 个“亿元直播间”，100 个“千万元直播间”；而在“双 12”就开了 7 万多场直播。拼多多是直播新秀，但也在 2019 年 11 月以“百亿品牌补贴”方式首次尝试直播。在这场首秀中，拼多多邀请母婴“大 V”，用社交裂变吸引流量，发放优惠券：用户邀约 3 位好友组团观看直播，每人即可获得 5 折商品优惠券。该场直播吸引的观看人数超过 10 万人。

2020 年，突如其来的新冠疫情把人们“闷”在家中，非接触式社交、在线购物和娱乐成为人们生活的必需。这一年是各种网络直播尤其是直播带货改变人们日常生活方式的一年，也是视频号全面兴起的一年。2020 年 2 月，微信小程序直播功能测试结束，正式向平台用户开放（不同于抖音等依赖主播，该程序立足商家进行全渠道整合，可较好利用品牌的原有用户群体，用连续不断的直播活动设计来降低对单一主播的依赖程度）。6 月，“微信之父”张小龙在朋友圈发了一条信息：“2 亿，是个开始……我说的是微信视频号。”事实上，2020 年微信视频号的 DAU（日活量）为 2.8 亿，注册视频号总数为 3000 多万，这既应验了张小龙的预判，也是对抖音、快手直播短视频平台的一个补充：人人皆可播，人人皆可短视频。直播短视频进入更多人的生活，也成为更多人表现、表达自我的便利工具。当然，不言而喻，这其中的商机无限。正如 2020 年的一句流行语：“你在 2013 年错过了公众号，在 2017 年错过了抖音，那么，2020 年，你不能再错过微信短视频了。”

2021 年 6 月 2 日，中国网络视听节目协会发布《2021 中国网络视听发展研究报告》称：截至2020年12月，我国网络视听用户规模达9.44亿，网民使用率95.4%；短视频使用率最高达88.3%，用户规模达8.73亿；最近半年新入网的网民对短视频使用率为77.2%；人均单日使用短视频的时长超2小时。

人人皆可播！这里的播，既是现场直播，又是现场看播或者录播，而无论是精心准备还是随心所欲来播，是使用特定直播平台、小程序、App，还是微信视频号自拍、自制、自播，都是自我设定，既有个人IP与企业IP是否合一的考量，又有“人设”定位的长期规划，但总之是以激活个体生命力为核心的在播动作，所有商业的、人性欲望的种种底层逻辑，都将经受创造力、表现力、变现力的考验和洗礼。《直播这么做》一书的作者刘仕杰说：“直播的‘在场+现场+共场’的特点，能够触达更广泛、更多数的用户……同时带有很强IP属性的主播能通过频繁、高效互动，与用户建立高度的信任，更能带来高度的现场参与感和极致的用户体验，自然成为营销创新的最佳选择，也成为新风口和新趋势。”

首先是在场。这个场，是场景的场，可以说是一种气场、磁场，但你必须被吸引、感染，甚至身临其境，身在其中。很多时候，这个场是一个具象的场，看得见，摸得着，能让你很容易被他人看见，或者你能很容易看见你想看见的人或物——你与之气息相同，彼此感应或触摸，就能感觉你与你喜欢或希望的人或物在一起。

现场。你在现场，现在——不是未来，更不是过去，就是现在，“我看故我在”，无论是你看见他，还是感觉他看见你，都能感知到他（它）的存在，不会离开，此时此刻，我们在一起。

共场。共情在现场，有许许多多看得见和看不见的共同点。同场共振，或许是身体，或许是心灵，人类与生俱有的欲望通过艺术或物质化的表达，被有意无意地调动出来，弥漫在周遭。共处一个具象的、彼此能够感知对方的场，寻求慰藉或表达共情，你在他（它）那里找到了自己，除了现在，仿佛还能看见过往或未来。

人人皆可播，是因为你就是我，我就是你，在一个现实与虚拟的场景里，你我幻化成千千万万的你我，在那一刻，通过眼前的频道，彼此同频，千千万万个你我共振——想一想我们每天都在经历的场景，你我谁都不能自拔，沉湎其中而油然生出一种“独特的幸福感”（快手科技创始人兼首席执行官宿华语）。

在《快手是什么》一书的序言中，宿华继续说道：“今天我们处在特别有意思的时代，互联网能够跨越距离的限制，让人与人之间能够更快、更便捷地连接起来，我们有大规模计算的能力，有做 AI（人工智能）、机器学习的能力，这是世界上很多人不具备的能力。我们应该发挥好这种能力，去帮助那些不掌握这种能力和资源的人，在快速变化的年代也能变得更好。”

医药零售行业的直播起于 2020 年的疫情期间。记得是春节刚过，大家憋在家里，往年正常召开的会议、培训都无法安排，协会秘书处与研究院商议是否可以给会员单位做一系列的线上专题培训。我们联系并开通了小鹅通直播平台。研究院的专家们大多是第一次上直播，那段时间，我们一共组织了 30 场在线主题直播培训。中国医药物资协会的其他分支机构，还有医药行业企业和各类社会组织，都在那个特殊的时间段纷纷开设线上直播课程。不在线下聚会，却能在线上时时相聚，大家感觉很亲切。教育直播培训没有距离，让许许多多遍布全国没有接受过直播训练的授课老师和同学，好像随时可以在一起，随时可以看见对方。

在率先采用直播新营销模式的汤臣倍健、华润三九大品牌和中智药业、乐陶陶、苗山三七等道地食药材新晋品牌的持续助推下，医药零售行业的头部企业国大药房、老百姓大药房、一心堂等开始涉入直播带货。

2020 年 6 月，上海国大在总经理姚军亲自安排下，决定试水西洋参直播。他们在直播前通过企业公众号、自媒体等广泛宣传，针对企业会员精准发送信息，充分利用企业在上海的本地优势打造私域流量。同时，他们还邀请上海都市频道栏目主持人郑琳担任主播，前往西洋参主产地长白山，与种植厂商密切合作，展示供应链源头直播魅力。在这场 2 小时直播中，11.6 万人观看，2 万人的观看时间在 1 小时以上。

今天，网络直播（包括视频）已经走过它迅猛发展的几个阶段，呈现出丰富多彩的类型特征。而人人皆可播的流量红利还在增加，可以预期，直播这股风还会吹得更猛、更大！

风口还是陷阱？

2021 年 6 月，“快手电商之城”临沂。在中国医药物资协会研究院直播培训专家张立武陪同下，我们分别对临沂国华（国际）电商直播产业新城、顺和电商直播产业园区等直播基地进行了简单的实地考察学习。

我们感到诧异，“南义乌，北临沂”，从沂蒙老区到直播电商之都，临沂直播电商市场规模每天 1 亿，2020 年全年 GMV 就有 360 亿元！据统计，临沂在快手平台上拥有百万以上“粉丝”的主播 121 位，500 万以上“粉丝”主播 7 位，千万“粉丝”级别主播 2 位——全国范围内，仅次于广州和北京两座超大城市。2021 年 1 月，全国销售额 TOP50 的主播中，临沂主播占据8席，占比16%；在排名前20的头部主播中，临沂主播占据3席，仅次于广州，全国排名第二。

在顺和电商直播基地，带我们参观的基地管理者告诉我们：临沂有专业批发市场123家，经营户10.2万家，日客流量30万人次。但传统商场业态的经营者，2020年疫情暴发以来，都面临转型的巨大压力。好在顺和一直关注直播的发展。“直播一定是风口”，但是，何时进入？如何进入？这是大问题。顺和早在2018年7月就拿出专家管理的家居建材商场的一楼作为直播电商基地。但真正转型做直播电商，是在2020年4月。那时，整个批发市场和传统商场，“我们第一个试水”。包括为进驻商家提供直播间、账号注册、运维咨询、主播孵化、选品陈列、金融支持、智慧云仓、分拣打包、物流配送等全链条服务体系，用董事长赵国强的话说，就是“主播商家只要提出要求，我来建，我来配套”。到2020年的年底，顺和电商直播基地转型成功，主播商家在此实现了“拎包入住”“拎包主播”。

顺和电商直播基地中庭一层

在临沂电商聚集的核心城区兰山区，类似顺和这样的电商直播基地就有15家，“粉丝”百万以上的带货主播175人，在快手和其他平台注册商家9.7万家，从业人员12万人，日快递发单150万件。这真是一个乘风飞扬的奇迹。

最近几年，借助直播席卷全国的风口，各地政府都对建立电商直播基地给予了不少政策扶持，尤其是东部沿海城市、内地网红城市。但是，电商直播基地真正做起来的不多。以网红打卡城市厦门为例，这几年挂牌的电商直播基地不少于20个，但据了解，都做得不是很好，没有一家形成“气候”。跟全国其他城市的大多数电商直播基地一样，厦门电商直播基地没有流量主播阵营，也没有品牌资源的集聚，包括强大的商品供应链支撑和政策扶持、产业链协同等，电商直播不能产生群聚效应和规模效应。多数城市电商直播基地的零落以至衰败，使得“直播到底是风口还是陷阱”的疑问这些年一直不绝于耳。

当直播风口席卷全国和各个行业之时，简单总结临沂直播电商产业今天之所以粗具规模、乘风飞扬的几条经验很有必要。

第一，传统商业市场基础好。商品涵盖27大类6万个品种，供应链体系完整，物流发达，辐射全国各地(县)和120多个国家和地区，通达全国几乎所有港口和口岸，日均发货20多万吨，且物流运输成本比全国平均低20%～30%。

第二，具备传统产业转型直播产业的基本要素。如足够多的进驻直播基地的商家主播、全国头部主播，清晰的主播孵化流程，快手平台账号运维经验与资源(包括其他平台)，7天包退货制，保姆式配套服务体系，浓郁的直播氛围(场次、市场、职业操守等)，大数据分析应用，等等。

第三，政府扶持，党建引领。临沂兰山区专门成立直播电商行业党委，下设园区党支部12个，把原来属地管理的100余名党员纳入行业管理，帮助制定并执行“千人网红”“万人电商”人才培训计划，举办“抖音直营中心线上直播案例教学”“特抱抱直播带货研修班”，实施头部主播、明星主播引育的“双育”计划，构建“众创空间＋孵化器＋加速器＋产业园”孵化服务体系等。

《南方周末》记者概括了临沂的直播电商模式，一言以蔽之，主播出人，企业出货，政府和平台出“场”，整个环节和各个角色配合得天衣无缝，缺一不可。

之所以不厌其烦地说这个案例，是想告诉大家：直播风口早已刮来，为什么有的能成功，有的却不能？不是说所有的风口你都可以赶上，也不是说是风口谁都可以扶摇而上，相反，只有那些准备充分、具备飞天条件的人，才能借助风力、风口，一飞冲天。

而所谓陷阱一说，多是不思进取者的托词，或者失败时不找自身理由的自我安慰，不值一驳。

然而，在风口来临时，不盲动，谨慎而为，循序渐进，在自身条件能力与外界资源相匹配时，断然为之——即使不是乘风飞扬的第一个，做随风起舞着，也一定能舞出自己的风采和节奏。

纵观直播这股劲风，它有自己的来历和形成的阶段特征。如何借助风力让我们走到风口，这是本书将在后面章节阐述的重点。然而，这里面或许也真有陷阱。这里的陷阱不是对风口的抗拒，而是类似许多失败的电商直播基地当初所做过的那样，没有充分的准备，没有匹配好资源，甚至很可能是不能掌控的外部环境因素，把一个踌躇满志的自己、志在必得的项目，打回原形。真如此，如果我们还有按捺不住的理想和目标，就需要有足够的勇气从陷阱里面爬出来，重新上路，带着些许遗憾或伤痛，成为富有经验的、坚定的“追风人”。

站在药店的立场看直播，2020 年始，或者更早一些时候，首先是以汤臣倍健为代表的保健品企业，由于在电商平台的销售一直名列前茅，当直播电商开始兴起时，就利用这个风口在药店系统开始做直播。后面又有中山中智、广东乐陶陶等快速跟进，与一心堂、老百姓、漱玉平民等连锁龙头联合直播，加上有赞、微赞和各种小程序、App、微商城、微信直播等私域流量直播平台、插件的快速导入，零售药店一度举起新零售大旗，拉开阵势迎接直播时代的到来。然而，现阶段就零售药店所取得的实效而言，只有海王星辰这样提前做好全渠道和新零售运营布局准备者，在战略上全新调整、战术上全面导入直播产业链的连锁药店，才是这个风口的赢家——大多数连锁药店，要么没有提前布局准备，要么是因为工业主导仓促上阵而没有自己的战略规划，忙碌了几场直播就没有了下文。这就是当前连锁药店在直播风口到来时的现状，因此，有人就发出“直播到底是风口还是陷阱”的疑问声音。

发出这个声音很正常。这很像临沂顺和“张国强们”开始用直播来转型传统商业业态的前夜——着力创新者已做好准，只是大的市场环境方面零售药店还要去争取和创造，譬如能否主动融入当地政府支持发展的直播产业？能否借助或打通直播产业链？能否培育自己的网红药师、健康“达人”，打造网红门店？可否联合或单独成立 MCN 机构，确保药店主播的持续签约、长期变现？而其中最重要的一条是，连锁药店是否可以考虑设立直播部门，从长计议，整合当地和行业直播资源，带动商品、会员、品牌动销、专业服务方式等的全面在线化？唯有如此，长期考虑布局，近期有效切入，而不是跟风盲动，才有可能趁势而为，在直播风口中做好药店系统自己的直播业务。唯有如此，才能从根本上避免陷阱，做出自己的直播成就和连锁药店品牌特色。

垂领新机会

网络直播最早源于年轻人的娱乐和游戏，后来逐渐成为各种年龄层次人们的社交需要。今天，泛娱乐之风还在盛行，人们在手机移动端，通过微信朋友圈和视频号、抖音、快手、小红书，以及各种直播 App、小程序等，自播看播，接收或发送各种短视频，自娱自乐，交友购物，好不热闹。但是，不只是娱乐游戏、交友购物，网络直播实际上已经作为一种新零售工具和新型传播渠道，连接各行各业，构建起“直播＋产业”的新经济产业格局，改变着社会经济生活的方方面面。

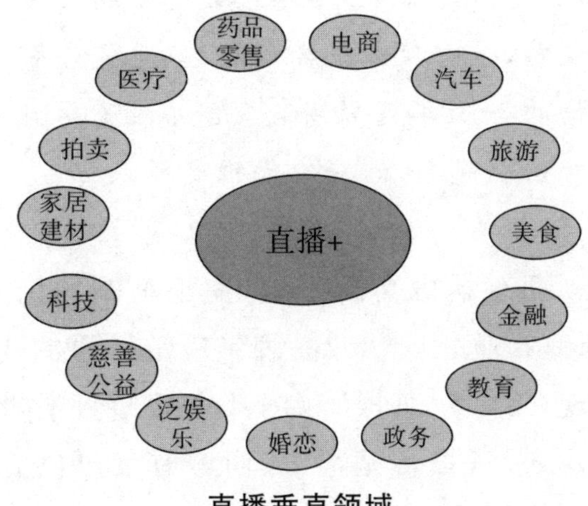

直播垂直领域

按照直播界的说法，目前传统电商的流量红利基本消耗殆尽，泛娱乐主播的网络号召力已经明显下降，全能型的网红主播、明星主播也在遭受挑战——要么转型做垂直领域的专业主播，要么被更加平权化、去中心化的区域内细分领域中处于上升期的尾部主播、“素人”主播所分流。具有本地化属性和垂直领域产业背景的专业主播正在崛起，而这正是垂领（“垂直领域”的简称，以下同）新机会发出的一个重要信号。

2020 年 9 月 19 日，抖音邀请网红企业家、母婴品类电商领军人物刘楠担纲“楠得好物”直播频道主播，明星李佳航、刘维助阵，当场销售额高达 4000 万元，累计观看人数 346 万人次，直播间观众停留时长 12 分 50 秒。其中，母婴类商品销售超过 15 万件，货值 2300 万元。这份成绩成为抖音当晚直播带货排行榜单第一名，位居母婴品类的销售榜首，业界称之为直播在垂领消费场景取得成功的一个经典案例。刘楠是业界知名母婴品牌蜜芽的创始人，在母婴电商领域深耕 10 年，在母婴电商零售、品牌供应链管理（尤其是选品）、女性 MCN 孵化等相关领域具有号召力和话语权，深得许多年轻妈妈的喜爱和信任，其个人 IP 的专业性、权威性以及带货能力毋庸置疑。她的成功，是垂领新机会的展现，也是全能型主播变身为专业性主播的一次华丽转身，更是自带流量且具有强大品类供应链优势的垂领 IP 的一次优雅变现。

直播在垂领拥有新机会的根源，在于垂领的供应链体系比较健全，或者说只有在垂领，产品/品牌供应链体系的建立与完善，才会有落脚点。现在许多“草根”和尾部主播做直播带货，会链接到一些线上商城，在带货量不是很大、商城有货可供时问题不大，但是不能保证质量和持续供货能力，很难做大直播带货业务。就算选择与 MCN 机构合作，如果 MCN 机构也没有稳定的供应链背景，直播带货变现途径就会变窄。同样，头部和腰部主播，像刘楠那样本身就有多年电商零售母婴产品的经验与资源，尤其是建立了自有品牌产品的供应链体系，无论是与平台合作还是自己直播，都会获得垂领产业强大的资源支撑。又或者说，如果垂领产业培育好自己的网红和主播，即使从“草根”开始，由于有产品/品牌的供应链基础，能够循序渐进，与用户的关系反复加强，服务持续不断,可以不断增加复购率,甚至实现用户的终身价值。在一些需要专业知识来与用户不断沟通、反复服务的行业,如药品零售、慢病管理、健康管理等细分领域,直播垂领化的机会很多,直播短视频在患教、科普、安全用药、合理用药方面的功用还没有完全开发,医药互动、“医生处方、药师审方”的在线化流程尚未清晰,不仅是直播带货,直播在此专业领域的非卖货(主要是处方药)创新工作亟待开展。

中医药在慢病防治以及健康管理中具有特色优势,在长期的临床实践中积累了丰富的宝贵经验。如何将这一优势通过线上直播传播给更多的人群,让更多的人受益?老字号中成药品牌颐圣堂在传播中医药文化的垂领做了深入的思考和初步探索实践。2020年初,为普及基层常见病、多发病预防知识及用药常识,借助数字化工具,颐圣堂搭建起“颐圣书院”线上直播平台,邀请全国名老中医专家为基层医务工作者提供专业知识培训,提高专业能力与业务水平。第一期首播,直播开始观看人次即破万,后续回看人次也达到了5000多次,充分表明线上传播中医药知识的需求空间很大。在疫情常态化的背景下,颐圣堂没有停下直播的脚步,目前“颐圣书院·国医直播”已开展到第七期。同时在疫情期间,颐圣堂还联合香港歌手为抗疫创作公益歌曲《在明天》,受到微信、微博各“大V”转载,发起线上直播视频点赞活动,吸引了67800的访问量,体现了老字号中药品牌的社会担当。

中国零售药店这个垂领现在还没有被直播全面触及。2020年下半年,在与微赞直播平台创始人周鹏鹏交流这个问题时,这位曾经在三九健康网工作多年的技术专家反复强调:“主要是医药健康这样的垂领有壁垒。”一是政策壁垒，二是专业知识壁垒。实际上，这也是机会。想一想，中国零售药店近60万家门店遍布全国城乡，虽然一年的营收5000亿元，但有300万从业人员，60万在岗执业药师，其服务的基层民众（会员）可以做到全覆盖。这个垂领与顾客的黏性很高，其尚待系统开发的私域流量无可限量，如果全面导入直播，不仅可以助力药店的在线经营和服务，而且，从直播卖货（非药品）的角度，从未来医药互动（促进处方药调配零售）的角度，这个垂领的新机会显然会很多。

再从传统电商发展到直播电商的路径来看，直播电商的本地化或区域化特色会在今后越来越明显，用户对于垂领线上线下结合的需求将会越来越强烈。线上一次性交汇而来的流量很有可能会在本地化平台上变成存量——专业服务以及社区营销能够更好地留住客流，无论是线上还是线下，更亲民，更有温度，更便捷，更有持续服务的意愿和场景，客户就在那里成交。这也是零售药店垂领新机会的一个方向。目前的中国零售药店，除了几家上市全国性龙头连锁企业（它们在某些区域表现很强势）外，区域连锁龙头企业在本地都有强势表现，这一是基于其销售规模和服务人群，二是其服务方式（线下场景体验与线上专业沟通相结合）的不可或缺性。中国医药物资协会研究院院长赵飚在2020年提出，无论是全国性（区域性）电商平台还是区域连锁龙头，今后都会在本地医药健康生活平台的构建上进行激烈的争夺，获胜者将主导本地化医药健康生活的主流方向。包括带货和不带货的内容直播、专业知识直播，将会在这场争夺战中起决定性作用。

内容为王

直播内容与形式相对应。在任何时候，形式只是内容的再现，内容决定形式。从网络直播开始诞生之日起，就一直有理性的声音说“直播一定要注重内容”,“内容为王,直播才能走得更远”。作为一种新零售渠道和个人即时交流的高互动性播放方式,直播和短视频要想在人们日常工作生活中发挥种种功效,就要特别注意内容建设。特别是在各个直播平台和直播方式激烈竞争的今天,用户心智日益成熟,选择能力增强,即使平台算法可以精准推送,但是,很显然,如果没有精彩内容来支撑商家或个人直播,用户可看可不看,来看也是看过即走即忘,成交很难,就算是有一次性的冲动购买或成交,也很难有回头购或复购。

2020 年 11 月,中国医药物资协会厦门大学区域连锁龙头班开班。我们决定要把药店直播这件事作为一个研究课题,让全班同学一起来做。研究院赵飚、李从选、代航等专家为此专门讨论过,做过书面问卷调查。同时,他们还与在药店做直播的行业人士欧阳涛(当时刚刚从微赞直播平台总经理岗位离职)、山东五纪时代创始人张立武、研究院专家李从选等到广西康全、湖南楚济堂、广州金康、江苏百佳惠瑞丰等龙头连锁药店实地考察,发现这些药店都尝试做过几场直播,但效果不明显,考虑到投入产出,以及人才,尤其是没有内容制作的能力,对药店直播均处于观望状态。事实上,药店做直播,绝不只是直播这个形式会不会做,关键是内容。对保证内容能够制作出来的组织体系保障、原创人员、药店主播、线下与线下营销结合方法、公域转私域流程建立、私域流量池的管理运维、直播产业链整合等,必须要有战略规划和布局来引导。前期,区域龙头连锁如何与当地 MCN 机构合作,如何利用新兴网络媒体、自媒体(包括企业微信号、公众号、微商城等)和电视台这样的传统影响力媒体等,也必须要有内容去连接、去营销。

直播内容的核心是人，是主播。在网络直播从泛娱乐化产业转为渗透到各垂领产业的迁移过程中，每个垂领产业中的核心人物应该是最大的潜在网红、明星主播、头部主播，因为他们往往掌握产业发展的话语权，是企业家，也是专家，在理论知识与实践经验的结合方面，堪称权威。2020 年“618”大促，主攻家电业务的京东推出 30 万场直播，国美总裁王俊洲、美的中国区总裁吴海泉、TCL 实业控股 CEO 王成、创维电视董事长总裁王志国等出镜直播，引起极大轰动。稍早一些，主张直播电商必须垂直化的辛有志，经过周密策划，推出辛有志严选旗下主播“爱美食的猫妹妹”挑战美食，单场直播破亿，最终成交额 3.5 亿，成为国内第一个美食类亿级主播，美食带货第一播。成功的背后，除了辛有志遍布全球的美食供应链体系能够根据用户需求和主播风格定制美食，具有强大的选品、设计能力之外，就是围绕美食的琳琅满目的知识内容，辛有志可以为主播量身定制，精准营销。

在每一个垂领，还有无数“素人”主播等待塑造。他们大都是企业的一线员工和管理者，他们的基层工作虽然可能不为众人所知，但他们具有丰富的行业知识和专业素养，或许还能够接触到用户，拥有核心“粉丝”群，是用户与企业之间的桥梁和纽带。他们之中有潜质者如果能够成为网红或主播，我们认为，他们自带流量和内容，加以分级训练，逐步释放内心深处渴望通过直播改变自己命运的强烈愿望，完全可以成为这个行业的尾部甚至腰部主播，个别优异者跻身头部主播行列也不是不可能。

正是基于这种想法，我们在中国医药物资协会执行会长兼秘书长刘忠良支持下，在全国零售药店系统开展“首届网红药师/门店百佳评选大赛”，组成了以双品汇/大健康产业博览会主席、重庆万和药房董事长唐先伟领衔，赵飚、李从选、代航、吴均福、李光、齐丽、杨贵元、孔晓霞、韦力、陈霖军、周立、田晓锋、张立武、绘心等为骨干的赛事组委会，旨在发现和培育药店网红药师、健康“达人”、明星主播，为药店直播带货可持续发展所需要的行业主播及其内容营销，营造良好氛围。

直播的主体是人，首先是主播。垂领的基层主播需要发现和培育，包括他们自带的流量和内容，都需要辅以训练加以提升。还有主播面对的用户，更居直播这种新零售要素（人、货、场）之首，必须要通过内容来维系、稳定这种一对多的强对应关系。围绕主播与用户形成的内容，那种看似与生俱来的“人设”、情感共鸣、技能互通、双向交流、仪式感或同理心、沉浸式带入体验、平台间的自由转换、个人品牌与对应小众品牌的相互认同等，浑然天成，构成相同或不同的直播内容相互连接、渗透的灵魂，即个人品牌、产品品牌、企业（机构）品牌多维运作又能够统合在一起的超级 IP 现象。

站在企业的立场，突出行业专属知识内容、本地服务内容，如何通过直播形式打造企业 IP，并与企业内部和外部各个不同的个人 IP 相结合，锁定最终用户，形成可以随时变现的超级 IP 现象，这是我们强调直播内容为王的终极目标。

《杀死营销——打造企业 IP 新策略》一书作者乔和罗伯特为我们揭示了内容为王的终局，那就是内容即价值，“形成一套付费和盈利模式，让内容营销部门可以实现自给自足”，像红牛这种生产饮料的传统企业，内容营销做好了，就能转身变成一家具有影响力和赚钱的传媒公司。

同样，直播内容营销做好了，许许多多传统行业的企业也有机会变身为一家具有影响力和赚钱的传媒公司。

在推动区域龙头连锁药店的企业主去发现和培育自己公

司的网红药师和健康"达人"的初期，企业主知道这很重要，需要做许多事情，包括要有明确的投入产出计划，必须做内容，以持续推进直播常态化、制度化。但焦点问题是，需要怎样来制作、分发这些内容？还有，我们目的是什么？就是直播卖货吗？如果发现药店网红主播被培育出来之后，他们的工作方式、价值取向与传统的药店经营管理模式很不一样怎么办？"有没有什么办法解决这个根本问题？"企业主很认真地问。我们也很认真地思考这个问题。后来与他们交流，认为："现在各个平台都以主张塑造个人品牌、认证个人 IP 为主，但是，企业 IP 也在认证。现阶段，把个人 IP 绑定在企业 IP 账号上，是可以行得通的。"但长远来看，内容营销开展起来，尤其是把围绕药店自己的网红和明星主播关联起来，今后一些龙头连锁药店会不会像红牛公司一样变成一家传媒公司，或其中的直播部门成为影响社会公众(会员顾客)的盈利部门——似乎也有这种可能。我们很期待在不久的将来能看到这个局面。

直播未来

从互联网经济发展趋势来看，在零售药店系统发掘培养网红是没有任何问题的。但是，网红产生于互联网，他代表的是活跃的个体经济、个人主义，强调自由、平权的个体和个体创造力的环境(同时还并存人性懒惰、无节制欲望的秘密表达等)，加上强烈的去中心化，这对于传统经济固守的管理模式和科层组织而言，说不定是一个巨大的冲击。事实上，这样的冲击已经无处不在了。只是，这一次我们要把它放在聚光灯下，让观众都能看到、看清楚而已了。好几个晚上我都睡不着，一遍又一遍地想，如果药店产生大量的网红药师、健康"达人"，我们没有办法用类似 MCN 这样的机构来签约他，明确他的工作方向，为其价值转换和流量变现找到一些行之有效的方法，那么，如果连锁药店的企业主也还没有准备好，这场直播风口是不是来得并不是时候？我们看似在做一件正确的事，却好像看见这件事正在侵蚀目前我们正在行走的地表。虽然我们都知道，未来已来，无论你为它彷徨也好，为它忧虑也好，或者张开双臂拥抱它，未来都会到来，谁也阻挡不了，只能与它同行。

直播的未来，最重要的几个改变如下：

第一，个体活力四射，个人品牌盛行，在直播带动起来的传统组织里，个人与组织将会发生冲突。个人 IP 与企业 IP 如何结合，对于大多数传统产业进行直播转型者而言，是一个需要破解的难题。不能结合者，传统产业、传统企业管理组织将会溃败；能够结合并产生实效者，将迎来组织转型、个体生命全面绽放的春天。大多数企业将在这种不断探索、不断变革的组织关系中找到平衡。当然，类似红牛那种成功的、彻底的组织转型与企业变革，也可能会在直播业务的大力促使下加速。

第二，5G 等移动通信技术的广泛应用，使得带宽增大，网速加快，流量资费大幅下降，直播短视频平台快速扩容，直播在未来将更加大众化、亲民化，人人直播、万物可播、处处直播、时时在播、垂领直播更加普遍，直播将成为人们日常生活工作不可或缺的重要组成部分。但同时，政府规范直播业的法律条款也会更多一些，未成年人保护力度会加强，用户数据信息的归属使用与安全问题受到特别重视，互联网广告监管方式方法将更具针对性，对主播和观众参与在线直播时段和时长等的限制也会出台，由工信部等权威政府部门要求的持证上岗、规范作业的呼声日益高涨，全社会、所有人都将面临直播常态化、生活化之后的政府监管与法律法规日益完善的新环境。

第三，借助数字化、物联网、区块链、AI(人工智能)、3D打印技术，直播中现在初露端倪的VR(虚拟现实)、AR(增强现实)技术将会得到强化：在线直播的形态十分丰富，在场与不在场的界限开始模糊，人机合一，现实与虚拟合一，时空合一，个体与群体身心灵合一，凡此种种，直播或许将还给每个人意想不到的自由。在每个人真正自由的状态下，直播也会真的只是一个工具，或许有一个比它更好的工具出现时，要不要直播，就变得不重要了。

2019年11月，虎牙在广州举办"Live Tech"发布会。通过物联网与直播结合，会上推出的一款小程序包含"云养鸡"虚拟农场。游戏参与者可以给农场牲畜投食喂养，甚至可以收获到打过折的真正食材。

在这次发布会上，直播AI数字人晚玉隆重登场。这既是一款机器人，同时在现实中也真有一位叫晚玉的拥有300万平台"粉丝"的知名游戏主播。直播数字人晚玉的眼睛、头发等细节部位，与真人惟妙惟肖，并无差异。虚拟与现实结合的未来直播，想象空间巨大，或许将把我们带进一个充满期待而又超出想象的奇妙世界。

(李从选、卞文明、谭红梅、杨履世、牛耀敏等参与讨论修改，对本文亦有贡献)

风口中的药店直播

赵　飚　李绍兴　杨明江

一个人生命中最大的幸运，莫过于在他的人生中途，即在他年富力强的时候发现了自己的使命。

——奥地利小说家斯蒂芬·茨威格

21 世纪发生在公共健康领域的两次公共卫生事件——非典、新冠疫情都不同程度推动了中国电商的跃迁式发展：2003 年非典肆虐，推动了 PC 电商、在线支付、物流配送等行业的跃迁式发展，居民生活快速线上化；2020 年新冠病毒疫情的发酵蔓延，在延长 2020 年春节假期的同时，倒逼着各大企业加快数字化转型脚步。而直播作为企业对内沟通、对外营销的重要线上化模式，正在成为未来企业的标配。

从民众生活到零售终端、批发分销、生产制造等国民经济各行业产业链的各个环节，娱乐直播、游戏直播、知识直播、带货直播、B2B 直播、生产直播、直播大会等新业态、新模式层出不穷，持续引领着中国电商不断向前发展。

2021 年“618”全网直播流量显示，直播总观看数为 142 亿次，开播主播数超 12 万，新增主播数超 2.5 万，带货总品牌数超 10 万，带货总商品数超 780 万，总场均观看数超 1 万。

无须证明，随着直播电商的演进发展，直播产业的用户规模、付费水平持续提升；直播电商以其场景特有的即时互动、即实体验，大大提升了传统电商的运营效率；随着用户直播消费的普及，各平台方加大扶持力度，以及 5G、VR、AR、云计算等新兴技术的助推，直播电商已经身处黄金赛道的大风口。对于医药零售连锁药店来说，只有快速顺应消费趋势，加速进入直播赛道，探索药店直播模式，才能抓住直播风口期带来的商业机遇。

2020 年 3 月 23 日，中国医药物资协会研究院院长、健阵医药董事长赵飚先生在“新零售时代的工业营销”直播中讲道：“按照整合营销的理论，销售和营销的区别在于，销售是提供你拥有的产品和服务，而营销是提供顾客需要的产品和服务。这个理念在过去的社会环境下，其实是很难实现、很难落地的。但随着互联网时代的到来，大数据等技术能力的突破以及大量新模式的实践，真正以顾客为中心的经营方式变得可能……新零售时代，新营销的特征主要有三点：一是重新了解顾客，二是重建供应链与价值链，三是重建顾客沟通体系与顾客关系。”对于零售药店而言，站在新零售的前沿，完全可以瞭望和感受到直播风口。具体而言，有哪些风口就在我们面前，并且可以乘风飞舞呢？

健康消费新入口

今天，伴随着消费者健康需求升级，以及消费者行为、购买渠道的变迁，零售连锁药店的经营模式必须顺应消费者健康需求的变化做出应变。今天的健康消费呈现出了以下三个特点：

第一，健康消费场景化。

过去，健康多与“疾病”或“治疗”相对应。但对新一代而言，健康存在于生活的方方面面，健康消费并不是买药或看医生，而是存在于衣、食、住、行等各类生活场景中。

医药健康企业只有通过更具活力、更多样的方式与消费者互动，而不是沿守传统医药单位的冷静严肃，才能真正与消费者建立有温度的连接。所以，医药企业需要积极调整传播策略，通过构建更多健康生活场景，建立与民众的连接，而非单一、单向的灌输式教育。

随着人们对健康消费体验的重视，医药零售药店需要向消费者提供的不仅仅只是商品，而应围绕消费者的健康生活场景系统地规划，提供包括健康知识、健康咨询、用药提醒、健康管理、健康生活方式在内的全局体验。可通过同视、听、嗅、味、触感官有机结合，构建更具沉浸感的场景体验，而在这方面，直播具有天然的优势。

第二，健康养生年轻化。

今天，“85后”“90后”已经成为主流消费人群，“95后”“00后”也正快速入场，注重“颜值”的新兴健康人群在注重美的需求的同时更注重内外兼修、内调外理的健康消费。一方面，他们愿意花时间去研究健康商品的成分，学习了解专业健康知识，甚至查阅各种专业科研资料，了解美妆等大健康产品的安全有效性；另一方面，他们还通过药膳、食疗补充营养或调理生活，或口服美容保健品，持续补充身体所需的各种微量元素。

2018年叮当快药发布的《“8090后”养生报告》显示，目前，年轻人被称为“C位”养生领军人，养生人数超七成，在有养生意识的“80后”“90后”人群中，“80后”养生占比高达38.7%，且女性保健品消费占比高达60%。数据显示，女性成了保健品的消费主体，其中29～38岁女性保健品消费额占比高达45.6%，39～40岁女性保健品消费额占比为27.3%，而18～28岁女性保健品的消费额也在不断提高。

近两年中医药逐渐回归大众视野，尤其在疫情后，民众对中医药的关注、信任度有了明显提升。2020年，线上补益用药类目出现爆发式增长。淘宝网传统滋补类目季度复合增长率高达35%。

当下，中药调理、传统滋补饮食、针灸推拿等中式养生手段正在被越来越多的年轻一代所接受，但这并不代表过去传统的品牌经营模式被年轻人所接纳。无论是产品、服务还是营销沟通方面，中式养生品牌必须结合时下潮流，才能入圈年轻族群特别是“Z世代”人群。直播因其即时、即实、双向互动沟通和高参与度，成为品牌商标配的模式。

第三，健康消费即食化。

高强度、快节奏的工作生活，移动互联网时代的时间碎片化，传统保健方式如定期体检、疗程保健等早已成了奢侈品。现在人们健康养生越来越趋向于轻松化、即食化。比如在饮食方面，保健品和零食这两个独立的品类正不断融合创新。保健品尝试零食化，如各种维生素糖果、维生素果冻等；而零食也不断融入健康元素，如零脂零糖、高蛋白质，增强免疫力，改善睡眠等。

对普通消费者来说，维持健康是一件专业性较强、复杂度较高的事情。当人们生病或身体不适时，往往无法凭借自身能力和常识去解决，要么选择到医院、社区诊所、药店向专家、医生、药师寻求解决方案，要么顺其自然，盼望身体自愈。在现在中国，有限的线下医疗资源和传统的医疗服务模式，在一定程度上并不能与日趋增长的健康需求有效匹配。我国56万多家连锁药店，以其较全的、贴近民众生活的网点布局，如果能够整合外部健康专家资源，并联动健康产业供应链、药店药师、健康品类商品等资源，找到合适的方式，高效快捷地为消费者的健康需求提供解决方案，将会在很大程度上为健康消费打开一扇新的窗口。

与传统电商相比，直播电商在直播间中，观众不再是单向的信息接收者，而是在与主播、其他观众点赞、评论、打赏互动，参与了直播内容生产。主播收到观众的评论、点赞能感知观众的情绪反应并进行实时互动沟通交流。药店直播可以将全新的健康商品以及专业的健康知识带到观众面前。直播电商凭借着随时随地、即时直观、双向互动、沉浸式信任关系等特点，让更多的健康品牌和商家走进了消费者的眼里。“85后”“90后”“95后”“00后”作为互联网原住民，作为直播电商用户的最大存量，在他们的健康需求推动下，药店直播如果规划好，有很大的机会成为健康消费的新入口。

相对制作专业的图文、视频，通过直播科普健康知识的门槛和成本更低，直播还能与观众实时互动，提供有针对性的建议。药店通过直播可以开启一个全新的流量入口，让原本信息渠道受阻、相对不透明的健康产业得以开放，通过沉浸式购物体验，使健康商品融入消费者更多元的健康生活消费中。

药店营销新“玩法”

早在2017年，赵飚在一次行业大会上就曾指出，传统药店经营面临三大困局：一是传统经营模式同质化，二是顾客忠诚度低，三是供应链关系混乱。赵飚对顾客忠诚度低的原因做了精辟的阐述：整个行业的顾客忠诚度都不是很高，包括大型连锁，很多都是简单的买卖关系，比拼的是商品结构和价格；另外是触点比较单一，都是以卖场为核心，最多加一点营销的场景（比如说营销活动等），但仍然单一；再者，和顾客的关系多数是短期关联，很少走进顾客，进行深度关联。

当前，传统药品零售行业正处在增速放缓、毛利空间被挤压、门店客流下滑、传统营销效果下行的困境中。传统连锁药店不仅要面对同行之间激烈的线上线下竞争，还要关注异业的跨界“打劫”，甚至是看不见的强大对手，而现在医药行业产业周期跨越的时代已经来临，传统连锁药店经营的变革与升级势在必行。

20世纪90年代，唐·舒尔茨创建的“整合营销”理论，主旨在于把企业所有的营销推广行为，如电视广告、户外广告、内容传播、终端促销等整合成一个整体，通过不同的传播活动一起创造一致的品牌形象，即在不同的传播载体用同一个声音在说话。“整合营销”是信息时代必然出现的产物。因为在一个超量信息环境中，如果企业想通过媒体组合向消费者传递全面的信息，说得越多，最终消费者能够记住的却越少。所以，企业只有把所有传播手段整合起来，用同一个声音说话，传播才会有效。

移动互联网时代，信息大爆炸，信息极度碎片化，企业仍然需要整合营销，但是是效率更高的整合营销。割裂的广告对消费者的影响周期越来越短，越来越弱，很容易淹没在信息的海洋中。以前广告和购物终端是分离的，所以企业要对广告信息进行精简聚焦，设计一张海报，制作一个广告片，发动一场传播活动，方便消费者记忆，以便消费者到线下购物时还能记住企业或产品品牌。而现在数字化营销时代，传播和购物终端已经融为一体，特别是直播模式，消费者可以所见即所得，所见即所购。例如，李佳琦直播卖口红，消费者可以马上点击购买。因此，广告除了心智占领外，也可以实现短链路地触发购买行为。

在广告和购物终端合一的直播时代，药店营销将会有以下几个显著变化：

1. 品效合一营销新趋势

今天，企业的营销更注重的是效果。虽然很多企业没有放弃品牌广告，但更希望在传播品牌的同时实现销售。因此，品效合一的新营销“玩法”成为大家探索和创新营销实践的新风向。那么，要怎样开展品效合一的新营销“玩法”呢？这就要求我们在开展营销时聚焦到消费者购买产品的整个行为链条上，所有的营销动作应该朝着触发消费者的行为方向去开展。

2019 年出现“品效合一”的新趋势，企业愈发注重品效合一，本质是企业经营压力下，除了曝光度，额外增加了对短期销售转化的要求，反映的是企业对业绩增长的焦虑，打破品牌广告与效果广告泾渭分明的界限，这一现象将导致广告主的预算投放更为集中。直播带货这一提法迅速流传开来，实际上就深刻地体现了品牌方对业绩增长的强烈诉求。直播带货将货与消费者直接连接，降低消费者从认知到转化的成本，进一步缩短“品”与“效”转化路径。

药店开展直播时可以通过在线下门店、线下人流聚集的场所及线上公域平台或私域流量对药店直播主题、KOL 主播、直播商品及特惠活动开展直播“拉新”，将流量导入药店直播平台直播间或药店的企微社群等流量池，当策划开展直播时，可通过商品秒杀及其他特惠活动等实现销售转化，当顾客直播消费体验良好时，一部分顾客便会沉淀下来成为药店直播间的常客。

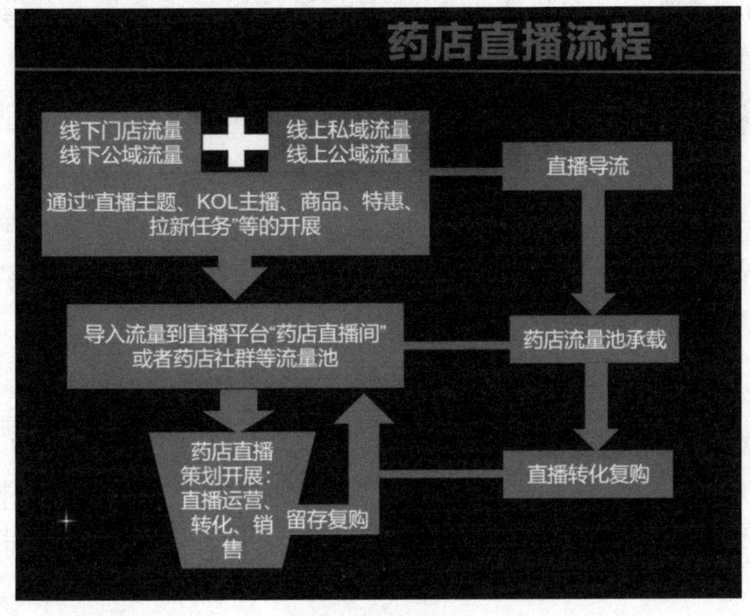

药店直播流程

直播电商兼具内容电商与社交电商属性，一方面红人主播以优质内容吸引消费者（“粉丝”），实现流量聚集；另一方面通过“粉丝”关注的社交关系，与“粉丝”互动，建立信任关系，实现流量变现。直播电商场景兼具销售＋营销功能，有助于品牌商实现精准营销、产品宣发，提升营销效率，降低营销成本。主播带货为品牌提供销售渠道的同时，作为导购也具有品牌营销、“内容种草”功能，为“粉丝”讲解产品功能，科普品牌，尤其头部主播适合新品宣发。品牌商通过直播数据分析可精准了解营销效果。直播电商可以将消费者从顾客第一个触点开始，到最终形成购买的全部行为高效串联在一起。

在中国，除了少数几家头部大连锁外，线下连锁药店大都在一个城市或一个区域多年经营，沉淀了一定的存量顾客，具有入场直播的先天优势。这意味着，新零售直播绝非一项另起炉灶的生意。过去，传统电商营销以图文、短视频为主，呈现形式限制强体验属性的非标商品，因此这类商品的电商渗透率较低。而借助于直播的高展示性和即时互动，大健康属性强的商品类目可以多维度、立体展示，传递使用体验，进一步释放线上消费需求。

2. 线上线下一体化联动

经过 2020 年上半年的爆发式增长，门店自播和导购直播正在逐步成为一部分连锁药店的日常化运营。不过，新零售直播的本质及最大的价值，在于通过直播这种形式，真正突破线上线下零售业的一些固有壁垒：可以在直播间发放体验券、优惠券、代金券等给线下药店引流，顾客持券到店可享相关实惠；也可以在其线下连锁药店添加直播间入口，通过在药店放置直播间二维码，设置直播专享价等促销手段引导线下消费者观看直播。通过线上线下一体化联动直播，进一步打通线上与线下的消费链路，实现“线上＋线下”联动协同。

未来,基于地理位置的本地化直播,将给新零售直播注入新活力。同时,也会给消费者带来探索本地健康消费的购物新体验。连锁药店开启同城直播服务,可以通过“达人”探店、云逛门店、商圈活动等形式,丰富同城直播的内容生态,同时结合 O2O 可以提供更快捷的社区或同城配送及售后服务。基于 LBS(基于位置服务)的本地化直播将是药店营销能力的一种进化,会给健康行业带来重大的深层次的改变。同时,对消费者来说,这也是新零售带来的新体验。未来,可能 90% 的线下零售业态都能通过线上直播引流。

3. 药店直播的前提条件

药店要充分发挥直播营销的效果,做好数字经济基础建设是前提条件,包括在线商城、数字化门店仓储、供应链反应速度、零售各环节的配合协同等,这是药店直播的基石。数字化令人、货、场基于数据重构,实现跨品类、跨业态、跨时间和跨空间的人货匹配,“人找货”正在往“货找人”的趋势转变。随着物流和 5G 技术的新一轮突破,包括同城配送能力、商品视频展示效果、即时反馈速度等提升,药店直播也在未来拥有更大的想象空间。

直播电商不是短期风口,而是在电商和内容深度融合趋势下,以直播为前端切入点,为零售行业带来的一种新的增长形态。过去几年,零售、电商行业历经前所未有的营销和渠道的变化升级:从结合搜索技术的货架式营销,到以图文内容为主的“达人”知识型营销,再到流媒体技术所带来的更具互动性和内容表现力的互动营销。新零售直播正是崛起在这样的升级背景之下。它以沉浸式的观看体验,降低了传统货架电商的用户认知门槛,弥补了传统电商体验感不佳、真实性存疑的弱势;它不受线下门店的位置限制,延长了生意周期和销售时间;从原来的一对一销售服务变成一对多,吸引更多潜在顾客观看;直播间的关注功能还能把零散偶发性的消费者变成忠诚用户，便于商家进行客户运营。

2019年直播带货风起，很多商家开始通过与MCN机构和KOL合作，或自播的方式进行直播带货。2020年以来，更多商家在尝试更多直播新“玩法”，打造创新的消费场景，进一步打通线上线下的营销和销售链路。比如拓宽选品，原本货架式电商中渗透率不高、体验属性较强的非标商品，得以在新零售直播中突围；而既懂商品，又懂消费者心理的导购，变身“种草达人”，成为直播主播中不可忽视的一支力量。未来，药店可以系统化筛选、签约、孵化门店导购成为药店主播，推动线下药店零售业态MCN化的趋势。

虽然因为医药行业的特殊性，医药类产品在整个新零售直播中销售额不高，占比不多，但随着消费者线上健康消费习惯养成，连锁药店如果坚持长线去整合供应链和直播产业链资源，持续探索，开展药店直播电商的精细化运营，随着物流和数字信息技术等零售基建能力的进一步提升，药店直播将会有更大的想象空间。

直播带来了传统商业的流量重构。直播电商重塑了传统商业下的人、货、场，营销效率大大提高。直播电商提高了流量、黏性、转化率、渗透率等指标。同时，直播助推传统零售连锁药店加快线上互联网的进程，为传统连锁药店的私域流量变现提供了一个新的有效途径。

商业模式新机会

直播电商是对传统商业模式的创新，是主播利用即时视频、音频通信技术同步对商品/服务进行介绍、展示、说明、推销，并与消费者进行沟通互动，以达成交易为目的的商业活动。直播电商成了数字经济时代的新兴商业模式。

从2005年出现视频聊天室，到2008年YY语音的诞生至今，中国在线直播行业已有十多年，“直播＋电商”的融合商业模式出现后，才真正带动了直播行业高速发展。

2020年，在相关政府助推支持、电商平台/社交平台方资源倾斜、参与方大举投入、用户习惯养成及商家品效合一营销需求的共同推动下，直播行业进入“全民直播，万物皆可播”的时代。直播拓展至各行业各场景，通过电商、游戏、助农、旅游、户外的场景化直播，以及针对传统服装鞋包、美妆个护、珠宝玉石、食品保健等细分市场进行直播带货，吸引大量潜在用户。

艾媒数据显示，2020中国直播相关企业超过8.1万家，其中新增直播相关企业超6.5万家，约为2019年全年新增数量的10倍，2020年上半年全国电商直播超1000万场，1—11月电商直播超2000万场，活跃主播人数超过40万，观看人次超过500亿，上架商品数超过2000万。CINNIC数据显示，截至2020年12月，我国网络直播用户规模达6.17亿，较2020年3月增长5703万，占网民整体的62.4%；其中，电商直播用户规模为3.88亿，较2020年3月增长1.23亿，占网民整体的39.2%。2020年我国直播电商整体规模突破万亿元，达到10500亿元，渗透率达到8.6%，2021年直播电商继续高速增长，规模接近2万亿元(19950亿元)，渗透率达到14.3%。

经过行业的不断完善，在线直播正向规范化、专业化方向发展，除了专业直播电商平台外，娱乐直播平台也开始试水电商运营，结合平台固有优势推出相关产品，带动平台营收转化。艾瑞咨询预计，2025年直播电商交易额将达到64172亿元，直播电商交易规模将占中国网络零售电商市场交易总额的23.9%左右。

零售药店的本质是为消费者的健康需求提供相应的解决方

案。因此，为消费者找到性价比高的健康商品，并通过供应链管理让商品的流转效率提升是企业必须关注的焦点。在当前直播电商快速增长的黄金赛道上，药店通过直播商业模式能够抓住哪些新机会呢？

1. 直播电商成为新流量经营的最佳模式

研究零售业的发展历史，可以看到新平台催生新内容，新内容塑造新流量，新流量变革新渠道，新渠道孕育新品牌。

> 《2020新零售直播活力报告》数据显示，观看新零售直播的用户中，女性占据60%以上，这与淘宝直播的用户性别占比几乎一致。年龄分布上，与淘宝直播相似，“80后”“90后”是新零售直播的主力用户。其中，近40%的用户为“80后”；其次是“90后”，用户占比为34%。而作为互联网原住民“00后”，用户占比4%，市场仍有进一步发掘的巨大空间。

直播相当于把线下导购员线上化，主播向用户卖“人设”，讲解商品，提问互动，即时输出内容，用户所看即所得与边看边买的购物体验具有强陪伴性、强互动性与高黏性，能够刺激用户非计划性购物需求。如果主播是网红或名人明星，直播带货基于“粉丝”的信任关系变现。直播电商是更为有效经营用户的方式，提高了流量、黏性、转化率、渗透率等指标。

> 看传媒史，在电视等全国性媒体繁荣发展前，消费者主要接触区域性品牌与终端零售商自有品牌，因为区域性品牌与终端零售商具备更加贴近消费者的天然特征，一定程度上减轻了消费过程中的信息不对称性。

电视、广播等全国性媒体快速发展，为企业品牌营销推广带来了全新的方式，全国性品牌快速崛起，这一阶段渠道为王。一方面企业利用全国性媒体直达消费者，通过品牌宣传占领消费者的心智；另一方面生产商与渠道商既紧密合作又明确分工，强大的品牌积累了对渠道的管控和渗透力，而终端零售商也借力优秀品牌抢占市场迅速扩大，挤压市场竞争者，形成了规模效应。

直播电商商业模式的关键在于“人”，KOL（主播）连接品牌与消费者，成为新消费场景下的核心角色和流量入口。带货主播通常具有某些优势（如外表、口才、技能等），吸引“粉丝”，结合优秀的销售能力（如选品、了解商品、推荐商品等）完成变现，将积累的“粉丝”转变为有购买力的消费者，带货主播已经成为企业的流量资产。

除了得到社会普遍关注的“达人”主播、明星主播外，普通导购也可以通过在直播中所展现的“人设”魅力、专业知识等逐步成长为拥有一定“粉丝”量的 KOL。随着主播成为大众熟知的职业工种，“人人皆主播”并不遥远。移动互联网时代的信息碎片化和消费者的时间碎片化，消费者的注意力是个性化的，流量呈现出去中心化趋势；相比传统电视广告，直播平台兼具集中与分散特征，黄金直播时段和网红 KOL 属于稀缺资源，在马太效应下，把握流量趋势的药店连锁有望强者恒强。

2. 直播重构人货场带来零售连锁新增长

线下零售的主要问题是成本提升、客流下降、所覆盖的区域性强，且时间段分配不均匀，而门店通过建立私域社群直播卖货，能够打破距离、时间和空间限制。

直播使得电商营销从人找货转向货找人，商品和内容同步流通，提高了平台交易效率，由直播带来的品牌传播方式革命，将会影响零售渠道变革。伴随渠道不断变化，品牌会选择最适合自身、最高效的渠道触达用户。

卡思数据显示，抖音与快手带货首位均是个护美妆。美妆与服装由于具有较高的毛利空间，成为直播电商的主要带货品类；其次是食品与母婴，属于标品，低客单价、高复购率，对主播要求低。

> 直播带货产生的渠道红利，化妆品和服装等带货主流品类受益最多，由于具有高复购＋高毛利＋低单价，用户的消费客单价1000元以下，目前以大众品牌受益为主。传统品牌通过直播带货有望重新焕发生机，也有望诞生更多新品牌，为新锐品牌带来弯道超车的机会，缩短新品牌的培育路径。比如珀莱雅2020年打造的明星大单品小红瓶、丸美小红笔、家化玉泽，已经通过直播带货取得比较好的成绩。所以，美妆是受益于直播带货最大的细分行业，未来国货有望伴随着直播流量快速崛起。

由于直播实时性与互动性强的特点，通过主播的介绍、试用、引导、讨论、教育等，能够促进线上购物体验向线下看齐。随着5G、VR等技术普及，购买决策流程长的大宗消费品商家试水直播，作为重要的运营方式，线上渗透率的提升潜力大。

直播电商的本质是线下导购的线上化，主播能够掌握观众的情绪与需求，用户实时交互共享。未来直播带货从单品类向全品类精细化深耕，随着消费升级也会呈现品牌化趋势。

针对不同品类属性，直播电商已发展出多元化带货模式，主要包括三类：①主流模式。包括秒杀模式、“达人”模式、店铺直播，这是贡献GMV增长的最主要形式，适用于药妆、母婴、食品类。②特定地点模式。包括基地直播、原产地直播等，适用于药食同源的中药材及海外跨境购的大健康商品品类。③垂直类型。包括砍价模式、专家门诊。

3. 直播助推用户驱动生产的 C2M 模式兴起

直播从用户需求出发,通过数字化,从前端消费到后端生产制造,打造新兴供应链,满足顾客需求,持续提升企业效率。直播能打造爆款,类似之前电商淘品牌称王的年代。近年来新锐品牌持续涌现,产品端的反向定制也日趋流行。直播缩短了供应链环节,提高产品性价比,本质是基于用户数据的 C2M 模式。

基于直播电商重塑供应链的品牌商家目前品类主要集中在化妆品、服饰箱包、食品。长期看直播会提高制造供应链的快发效率,实现柔性定制化生产,降低库存风险。

直播主播在海量选品经验的锻造下,拥有大量的销售数据和对消费者需求的洞察能力,有望在 C2M 模式中扮演重要角色,将消费者的痛点与需求快速传达给供应链体系,以用户为中心设计和研发产品。

具体到药店在开展直播时,可以通过“社群+直播+新零售”的模式开展。在过去长期的运营过程中,药店积累沉淀了一定数量具有不同疾病或健康消费特征的顾客群,药店可以将这些顾客群按疾病特征或主题消费特征细分为一个个群体,并将这些细分顾客群体社群化,将细分社群顾客作为种子用户,借助裂变活动,扩大同类社群数量,然后针对不同的社群策划开展不同主题、不同类型的精准直播活动;同时药店也可以结合分类社群,整合不同类型的供应商联合开展直播。

直播下半场,企业需从流量思维向以人为中心的用户思维切换。无论未来流量渠道将如何变革,企业经营的本质始终是围绕用户,满足消费需求,做好品质口碑管理和成本控制,提高性价比,提升顾客价值才是王道,这是决定未来能否在竞争中突围的核心能力。直播能够有效缩短用户和供应链之间的链接路径,和主播

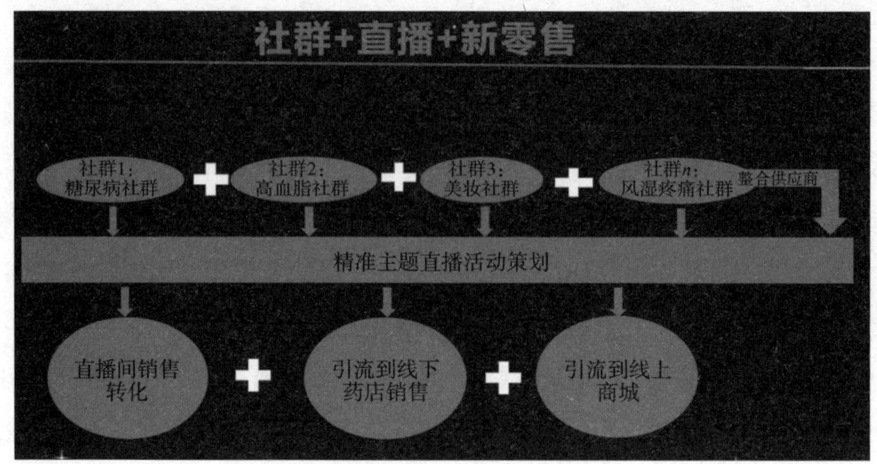

主题直播活动策划内容

更近距离进行供给和需求调整，提供定制柔性化生产，缩短过去从原料商、生产商、品牌商到代理商层层重叠的冗长供应链，如 MCN 机构开始打造直播产业链基地，形成更好的产业集群发展。因此，直播为用户带来更具性价比的商品，对整个产业链是一次重大革命，新冠疫情也倒逼企业加速变革。

直播成为企业与用户的沟通阵地，正被越来越多的企业纳入整个品牌营销的长远计划组合里。对于成熟的企业来说，用价格换购买量绝不是最好的方式。尤其在品牌受众年轻化的背景下，直播可以充当起品牌和用户连接的场景，更多地和年轻消费者建立起长期互动和连接。

直播助力药店连锁经营效率提升，更真实地还原消费者的线下购物体验，通过更自由的商品展示空间与导购的演示、讲解影响消费者的购买决策，进而提高商品销售能力，带来零售连锁效率的提升，直播将越来融入顾客的生活场景。

直播正在形成以用户为中心的“短链”经济，从前端短视频引流，在直播间和消费者即时互动沟通，消费者直接下单购物，再到直播商家完成订单履约交付，整个经营链路已经压缩得非常短。经营链路的缩短不仅意味着交易效率的提升，也带来了 C2M、C2B 等概念的落地，其本质是企业以用户为中心，根据用户需求进行生产与供应。

直播已经带来的新商业沟通、新营销“玩法”、新商业模式不会逆转，企业需要以创新的姿态迎接挑战，布局未来！

（乔海平、庞云、陈通锐等参与讨论，对本文亦有贡献）

如何打造网红门店

陈洲华　梁映枫

未来的零售无边无界，不分线上线下，这场革命改变的不是零售，而是零售的基础设施。零售的基础设施将变得极其可塑化、智能化和协同化，推动“无界零售”时代的到来，实现成本、效率、体验的升级。

——京东集团董事局主席刘强东

我们常常这么说，在健康管理终端链路中，药店是触达用户最后一公里的地方，在波澜壮阔的新冠疫情防控阻击战中，药店更是被冠之以“疫情防控前沿哨所”的声名，而与此同时，药店面临的形势也在发生很大的变化。

根据中国国家药品监督管理局公布的 2021 年第二季度药品监督管理统计报告，2021 年 1 月 1 日至 6 月 30 日，连锁总部 6619 家，门店数 57.9 万家，其中零售连锁门店 32.96 万家，单体药店 24.94 万家。

国采药品医院低价反吸客、连锁过度竞争开店、人口出生的减少、疫情防控发病率降低以及四类药管控、非药非医保目录刷卡限制等，导致连锁药店客流持续下降，同时疫情导致的一些消费者购药习惯快速转移到线上，而网售处方药的逐步解禁，将使药店面临更大的挑战。

在这个大背景下，全国药店行业亦开始求变求新，借助数字化工具，适应新零售大势，从自身形象、商品、服务等多个维度开启全面变革，其中全面触网、线上线下一体化变革也成为药店升级的必由之路，在转型大潮中涌现出大量的网红门店。药店如何进阶网红门店，网红门店如何打造，会给用户带来怎样的体验，未来的成长空间如何，我们将在这部分内容中一一揭晓。

网红门店面面观

近几年，“网红”成为热词，各种通过网络传播，聚集社会关注度，进而产生社会广泛关注和产生经济效应的事物，都被冠以“网红”的称号。网红的核心特征是以自媒体社交网络平台为网络媒介，依靠网友或者“粉丝”迅速传播，并引起社会整体或者部分人群线上线下的广泛关注。以“喜茶”“奈雪的茶”“鲍师傅”“方所”等为代表的一批“网红店”随之涌现。

在网红门店的社会效应、经济效益无限放大的背后，药店人也应思考网红这件事与药店有无关联。药店行业有没有网红门店，药店的网红属性又是怎样的逻辑，时间给出了很好的答案。

在中国，药店是个古老而又现代的营生。随着改革开放的春风阵阵，医药零售业态开始在神州大地枝繁叶茂，开花结果。零售连锁药店最早注册的是海王星辰，门店并不多。1997 年初，全国药品零售连锁企业——深圳一致医药连锁有限公司宣告成立，并首批一下子推出 25 家连锁门店，在国内形成较大影响，国内药店经营从此进入集约化、品牌化。

2003 年前后是国内药店行业的分水岭，此前，药店规模盈利模式开启行业的新时代。这一年，以老百姓大药房为代表的平价大卖场崭露头角，药品超市的概念引入，出现价格战和低毛利盈利模式，快速颠覆了药品零售业态，且加快了药店民营化浪潮。同时，通过平价业态在全国几个区域的广泛影响，药店行业开始了真正的洗牌以及集中度的进一步提升。此后，以海王星辰、大参林、益丰大药房为代表的连锁化便利店模式势如破竹，快速在市场攻城略地，建立消费者认知。

在接下来的移动互联网时代，互联网的发展带动了更多商业场景的流量挖掘，衍生出从线上到线下、从线下到线上的产品形态。外卖、跑腿、叫车、电商等商业模式已经进入人们日常生活并形成了一个个闭环，同时也是商家与用户新的连接方式。

随着新零售商业概念的提出，这一线上线下相结合的模式开始呈现勃勃生机，并改造了众多零售行业。

早在 2015 年，阿里就成立了新零售品牌盒马，在低调发展了近 2 年后，才正式走向大众。如今，盒马无疑成为新零售最知名品牌之一，门店数量超过了 200 家，零售额超过了 400 亿。

2018 年，新零售进入快速扩张和迅速迭代，除了盒马，京东、腾讯等纷纷布局，线下实体也进入新零售领域，比如永辉超市的超级物种。进入 2020 年，因为疫情，新零售更是迎来爆发式增长，盒马、每日优鲜、叮咚买菜、美团买菜等平台的订单量暴涨，后来，拼多多又发力多多买菜，京东发力兴盛优选。

2020 年，我国新零售市场规模达到 11.9 万亿元，其中生鲜 5 万亿元，快消品 6.9 万亿元。目前，每日优鲜已经在美国完成上市，市值最高达到了 32 亿美元；叮咚买菜也在美国完成上市。由此可见，新零售正快速走向资本市场。

药店行业也很快嗅到了新零售的劲风，不少零售企业纷纷通过改造仓储物流体系，抢滩第三方流量平台，以线上线下一体化的新零售思维，提高人效、坪效，改变人、货、场的消费场景，让人眼前一亮，焕然一新，成为药店行业的一道独特风景，药店行业也正在发生显性和隐性的变化。

环顾全球，网红药店的概念也在持续刷新大众对药店的认知，它们在视觉设计和功能分区等众多细节处理上别具一格，提升时尚感和体验感。纽约的 Medly 药房很容易被误认成是一家网红彩妆店。位于日本东京的富士药局看上去更像是传统的日式食堂，而不是一间药房，淡色的橡木墙面和柔和色调的家具，为室内增添了舒适平静的氛围。我国台湾的 Molecure 分子药局则让顾客走进一个融合功能、美学和试验性精神的全新空间，这些颇具个性化的药店改变了药店原本呆板严肃的形象，也无形中提升了顾客的观感和体验。

国内医药零售市场近年在流量争夺中不落窠臼，部分连锁药店企业也在药店打造上颇下功夫，在行业内形成了不一样的网红效应。

2017 年 9 月，上海万芸药房在容易集聚年轻人的凌空 Soho 开出一家万芸健康服务中心，内设自助查询区、花茶区等，摆放圆桌、沙发等休闲家具，被去参观的同行称为中国最美、最另类的药店。按创始人陈春华的设想，万芸健康中心就是要远离药品（当时该中心非药品销售占比已超过 55%），要给作为主体客群的年轻顾客有“逛”药店的感觉，让顾客体验到健康管理服务的乐趣。

2018 年 5 月，支付宝和张仲景大药房联合推出的“支付宝未来药店”正式在郑州开张。既然冠以“未来”之名，郑州的这家支付宝未来药店自然是贯彻了支付宝对未来自助购药方式的思考和尝试，而其中也展示了诸多支付宝所拥有的全新技术，让人大开眼界。顾客可享受刷脸自助支付、远程健康咨询、名医预约、信用免押金租赁、电子社保卡支付、24 小时自助售药等服务，让人耳目一新。

以上新零售药店也通过网络传播，成为年轻人的打卡地，成为网红药店。在今天健康消费升级，药店需要更加立体化、人性化服务用户的环境下，网红药店应该是什么样的？在全国近60万家药店的庞大规模体量中，什么样的药店才配得上网红药店的称号呢？经过市场调研及与从业者的互动，我们勾勒出网红药店的画像：这些药店真实存在于全国不同城市的不同区域，并为用户创造出大健康管理的新场景与新体验。我们对网红药店的要素分析如下。

1. 网红门店的选址

门店选址上，绝大部分网红门店均选在人流量超大的社区及生活商圈。这样选址充分运用数字化工具做测算，并评估商圈内及商圈周边人群生活及消费习惯，形成立体可视化的用户健康消费图谱画像，基于此确定最终的门店位置，为门店运营提供重要的自然流量循环。

2. 网红门店的装修风格

门店装修陈列上，与绝大部分传统药店陈旧、落后的装修相比，网红门店的装修陈列更显整洁、现代、时尚，清新规范的视觉设计颇为吸引人们的眼球。人本质上属于视觉动物，人性化的装修设计会让每一个到店用户感受到不一样的体验。以医药新零售的佼佼者泉源堂为例，其橙色系的色调、明亮时尚的店内风格，类似屈臣氏的整体装修体验，让人印象深刻，进店买药不再是个单纯意义上的购药行为，而是对一种健康生活的感知和体验。

门店软硬件上，依托于信息化改造，供应链得以进一步优化，不少网红门店普遍对门店本身做了数字化的功能分区，网红门店通常设置自助找药大屏、远程问诊系统、电子货架展示等，并通过门店空间植入门店巡店数字化管理系统，让门店趋于可视化、系统化、信息化，实现消费者行为的数字化洞察和可视化管理，从而提升到店用户的消费体验和效率。将传统门店经营方式与现代化运营管理系统区别开来，门店成为真正意义上了解用户，更高频服务用户的健康产品购买与体验及健康管理场所。

3. 网红门店的品类结构

品类结构上，当走进一家网红门店，我们的买药需求可能不仅仅限于常规用药。更多年轻消费者走进药店，对保健食品、个护产品等品类更易倾心，而网红门店刚好有着这样的品类基础。相对而言，网红门店的 SKU 超过 5000 个，涵盖各大品类类别，用户的多元化诉求均能得到满足。

4. 网红门店的获客方式

网红门店的获客渠道更为多元，传统药店的“人找药”思维被颠覆为“药找人”，网红门店的服务半径通常覆盖到周边 2 公里生活商圈，除了线下用户到店消费外，更多线上流量入口切入以及社群营销在药店获客方面发挥的作用越来越大。

5. 网红门店的服务方式

在门店的基础服务上，网红门店的特点更为明显，网红门店的会员管理更多利用网络社群工具并增加线上与消费者的互动，将活动、服务无缝链接，部分网红门店还实现了 24 小时营业，充分提高了门店的人效、坪效。

线上药师、医师团队也是部分网红门店的标配，并真正兑现了药店的专业服务价值，用户可在线上直接向药师、医师进行疾病与用药的咨询。O2O 则是网红门店的销售数据亮眼的标志，绝大多数网红门店的月均 O2O 订单超过 10000 单。

无一例外，这些网红门店既是区域内用户健康消费的重要场所，也有效做到了流量、商品、药师、骑手、平台的完美组合与循环。

正如英国诗人约翰・多恩所说：“没有谁是一座孤岛/在大海里独踞/每个人都像一块小小的泥土/连接成整个陆地。”在激荡的大时代里，商业文明的车轮滚滚向前，不同的时代赋予药店不同的特性和时代使命，放在历史的横切面，彼时的代表药店均是那个时代的网红门店，它既很好地履行了服务广大用户的使命，又因其领先的模式在一定程度代表着行业，撑起全国药店行业创新的基本面。

门店吹进O2O之风

提到新商业形态，就绕不开新零售，新零售的核心本质可以从许多方面看到。中国消费者越来越以互联网为导向，整个行业也非常渴望拥抱互联网。这种拥抱互联网的态度可以帮助中国的新兴零售业赶超美国或日本。

1. 医药O2O现状

在新零售的生态系统里，O2O是其中的重要组成部分。国内O2O的蓬勃兴起助推了餐饮市场的迭代，而与药店相关联的医药O2O发展相对较晚，近几年也成为整个药店行业的标配。尤其在一、二线城市的O2O订单是连锁营业额增长的亮点。随着市场的发展，医药O2O逐步向下沉市场覆盖，越来越多的药店加入O2O业务中来。虽然目前订单不高，但是相对于传统业务模式，O2O是被验证了的具备增长潜力的业务。

自2015年前后崭露头角，医药O2O的市场规模已经实现从零到百亿的历史突破，且仍以年均100%以上的速率持续快速增长。业内人士预测，3到5年内，医药O2O的市场体量有望突破千亿，成长为与医药B2C同等量级的新兴渠道，而其发展的动能既来自医药O2O经营者的积极创新，更来自医药工业企业的深度参与。

医药O2O发展有着得天独厚的政策优势和消费机遇，O2O与线下门店有着天然的连接，为O2O发展带来纯熟土壤。目前，本地生活服务平台美团已完成15万家药店入驻。一方面，随着医药电商十多年的发展以及外卖送餐的用户心智形成，在线买药、送药上门也被越来越多的用户所熟悉、接受和认可，随着送药上门口碑的拓展教育，相信在未来几年医药 O2O 渗透率会大幅提升。另一方面，医药分家、处方外流、网售处方药解禁打开了政策闸口，外卖平台与医保部门启动合作，通过在江苏、浙江、辽宁等省的部分地区试点外卖买药可刷医保，为医药 O2O 发展持续助力。

关于网上买药可刷医保卡，最近的故事发生在沈阳。2021 年 7 月 5 日，沈阳首批 62 家试点定点药店正式在美团平台开通医保支付，市民可享受“网上下单、医保支付、送药到家”便捷购药服务。因此，沈阳成为东北地区首座开通“互联网＋”医保数字化场景服务的城市。可以想象，医药 O2O 的场景正在持续优化，未来也将产生更大的交易体量。

2. O2O 模式分类

当前，中国医药行业主流 O2O 模式已有以下五种：

(1)医药 B2C＋O2O 模式；

(2)自建物流平台 O2O 模式；

(3)依托外卖平台物流的 O2O 模式；

(4)抢单模式的 O2O 模式；

(5)全产业链的 O2O 模式。

其中，开展 O2O 的主要平台包括美团、饿了么、京东到家；B2C 模式外溢 O2O 业务包括京东健康药急送、阿里健康 O2O 业务、平安好医生、在部分区域试点的百度医药 O2O 业务。另外，还有部分连锁开展自营的 O2O 业务，通过小程序、App 等模式，开始基于私域流量的模式，怡康医药在这条赛道上小步快跑，形成了自己固有的流量池。

除此之外，国内众多的第三方软件和平台也在围绕门店服务场景积极切入。以零售科技 SaaS 服务商有赞为例，2021 年 7 月，有赞发布了医药新零售解决方案，助力医药连锁商家开辟私域新战场，包括万家燕大药房在内的药店企业正借助这些三方平台力推门店运营、会员营销线上化。

3. O2O 催生的网红药店特征及代表药店

医药 O2O 为广大用户买药带来了便利，足不出户就能买到心仪的产品，而这一模式为药店带来的变化是明显的，也催生了众多网红门店的诞生。

(1)网红药店特征

①经营效率

医药 O2O 给门店引入更庞大的线上流量，并持续不断让用户感受到送药上门、在线咨询的便利，因此增加患者复购，形成品牌认知，让药店经营效率明显提升，得益于线上线下一体化的运营，诸多网红门店均为名副其实的万元店。

②服务半径

众所周知，传统药店的服务半径为距门店 500 米，医药 O2O 则让药店的经营半径延伸至 2 公里，门店 2 公里内的用户均可享受到高效便捷的专业服务。

③商品种类及形态

根据线上用户消费习惯和特征，其与线下到店用户在买药品类上有着本质差别，综合数据我们得出一个结论，线上用户更讲究商品的私密性和即时性，小包装易携带的商品更受青睐，这一点也得到工业企业的认同。部分连锁品牌与工业开发出针对 O2O 渠道的产品，并打造成爆款，涉及滋补、养生、美容、男科用药等类别。

4. 几个具有代表性的药店企业

(1)海王星辰——药店连锁自主 O2O

海王星辰于创建于深圳，通过与全美专业药房排名第一的 Medicine Shoppe 结盟，引入对方先进的专业药房管理技术及理念。2004 年引入高盛风投，成为第一家具有外资背景的医药零售商。2008 年，海王星辰成为第一家登录纽交所的中国医药零售企业。

海王星辰有着覆盖全国的门店网络和庞大的会员体系，也是国内较早涉及 O2O 的药店企业。它是接入支付宝的首家医药零售商。海王星辰通过自建线上电商渠道并打通 O2O 平台，形成多管齐下的 O2O 运营策略。

(2)泉源堂——全渠道零售

泉源堂为国内首批"医药电商"连锁药店，入围国家电子商务示范企业，并以数据和技术为驱动，快速发展，成为国内领先的医药健康数字化零售平台。未来，泉源堂持续以大数据和互联网技术赋能医药零售业态，在成都、广州、上海、西安、重庆等重点城市，加速智慧药房的线下布局。

泉源堂结合大数据、信息化手段，深度绑定美团、饿了么、京东到家等主流 O2O 平台，全渠道抢占流量入口，接入泉源堂智慧化服务 24 小时线上线下服务用户，在中国所有自营在线到线下(O2O)及线下零售药房中名列前矛。

(3)叮当快药——垂直类医药 O2O 平台

叮当快药成立于 2014 年，依托于自建智慧药房，把控供应链和配送服务，以 28 分钟到家的口号树立了自己的特色品牌。叮当健康还建有自己独立的 App 及骑手队伍，其核心是强调快；但除了快，叮当快药还能够完成商业闭环。叮当快药做到"快"的背后是各方面的支撑。如药店覆盖范围广，配送人员充足，依托优势药品供应链，能够在厂家直采上获得优势。同时，利用互联网信息技术更好地服务用户，赢得市场，提供依托互联网的多场景、一站式的问诊、购药、慢病管理、心理咨询等医疗医药服务。

打造网红门店的步骤方法

在新消费环境和新政策驱动的今天，我们回归到医药零售赛道，为什么要强调打造网红门店？答案很简单，网红门店能带来更大的流量，提高门店与连锁药店的知名度。

在餐饮业中，我们看到诸如“喜茶”“茶颜悦色”等网红门店有一个普遍的共性，那就是排队。消费者到网红店最明显的行为就是——拍照分享，这里面折射出消费者的一种从众心理和猎奇心理的满足。

网红门店的核心群体基本是年轻的消费者。年轻人有时喜欢特立独行和个性化表达，比如穿衣服就要不一样，如果发现公司有另外一个人和自己撞衫就会很尴尬。

但年轻人也是人，具备人的基本天性——社会认同感。身边人都在讨论分享的事物，不想自己被孤立，就会去参与体验大家所讨论的事物。

如果发现很多人都在推荐和“打卡”一家门店，我们就会有“我也要去体验一下”的动机，不然就会觉得自己“out”了——可以理解这是从众心理。

所以当身边的朋友在微信朋友圈、抖音或小红书等社交平台看到很多人都在分享推荐一个门店时，我们大部分人都会好奇地去关注和体验——这是猎奇心理的满足。

当然还有其他很多宏观因素，比如移动互联网的兴起，让网红门店的信息传播更广、更快，这里不展开了。

了解了消费者的消费心理和需求后，再去思考如何打造一家网红店就会让人心里更明白。

这些逻辑和道理同样适用于药店行业。买药时如果街边有两家截然不同的药店，我们更倾向于更漂亮、更宽敞、更具视觉体验和服务体验的药店。

要知道，现在药店行业普遍遇到的最大问题是获客难，而且这种顾客流量的竞争程度在不断加大，因为药店的数量还在持续增加,新的“玩家”跃跃欲试。把药店打造成网红店本质就是一种更好的获客和传播手段。

常有药店同仁在问:网红药店怎么打造?需要具备什么样的要素?分哪些阶段来推进呢?我想可以适当借鉴餐饮业网红门店的打造手法,让药店既具有话题性,又具有专业性服务性与传播性。

在移动互联网时代,网红药店需要具备两个要素:

一是在线上该品牌具备被人讨论的话题点,相关的信息量要够,足以向线下导流。

二是线下的体验使人产生拍照、发社交媒体分享的欲望,让线下的内容回流至线上,形成一个闭环。

1. 线上有话题被传播

药店在品类、装修与服务上一定要有特色,要有新闻价值或者话题性,或者通过炒作事件(即事件行销)获得话题性,要通过线上的社交平台和媒体让大众得知某个网红药店,然后吸引他们甚至同行到店去体验“打卡”。比如,看到朋友圈超过两个人在分享一家药店,或者是某个网红名人在推荐某家药店,为店面的核心服务“打 call”。泉源堂在 2018 年 6 月推出新零售智慧药房概念店时,通过不断输出“全国首个新零售智慧药房概念店”“药店黑科技”等概念,引发新闻媒体、行业圈层及资方关注,自动产生话题传播。疫情期间泉源堂通过四川电视台等新闻媒体释放线上预约小程序,方便用户购买口罩等急需物资,可以说既赚足了眼球,又获得了品牌价值。所以想打造一个网红药店,线上的营销工作是必不可少的一个环节。

2. 网络上该品牌相关的信息量要足够

对于药店来说,想要打造一个网红店,不只要有话题性,还要在目前常见的几个社交平台上进行软性植入、“种草”、科普等投放，让熟悉、习惯每个平台的人都能搜索到，如外卖平台以及小红书、抖音等社交平台。如果连信息强渗透都没做到，用户就几乎了解不到你，到店体验的可能性就极大地被降低。具体是采取多平台撒网式铺垫，还是单个平台打透的传播策略，需要看每个平台的属性和品牌的资源实力。这一点叮当快药对线上投放的权重较为明显，从百度新闻词条发酵到梯影广告，甚至微博品牌联动，都产生了强大的营销效应。

3. 场景体验感强

如果药店的环境设计和场景上没有什么明显的风格，不能引起顾客进店并分享的欲望，对网红店的打造效果将会大打折扣。

我们看到社交网络上被消费者主动分享的网红店，肯定在内部环境设计与装饰上有自己的特色或具高颜值风格，就是说网红药店一定要有过人的“长相”，有自己的品格与风格。

此外，在空间设计和其他物料的设计上，我们要营造一种独特的场景服务体验，能让顾客产生对药店传统认知的颠覆和强烈反差。

4. 服务体验要给用户带来满足感

作为药店来讲，顾客进店买药是一个带着强烈目的性的消费行为，我们要通过专业服务与体验加码让顾客产生沉浸式体验，打造满意度、感动和记忆点，让顾客乐于传播。这其中需要通过导购及健康顾问来串联起整个服务流程。

服务体验是药店健康顾问来传达的体验，可以从三个方面考虑：一是药店健康顾问的专业知识要通过通俗的语言来传播；二是药店健康顾问提供的各项服务行为，为顾客做各种事情，如按摩、检测等；三是药店健康顾问自己的专业性以及和蔼的形象与仪容仪表。语言上既要凸显亲切得体，又要有专业性话术引领；服务动作上可以从基础的手势到利用店面做流程引导等；形象上涉及年轻化店员的启用，他们的仪表着装，甚至发型及凸显品牌符号的小物件，处处体现出药店的网红气质和属性，给用户带来满足感。

抛开药店健康顾问的因素，网红药店的服务体验还涉及引入全新化的数字化功能分区，顾客进店买药到结账的整体流程设计，以及远程问诊设备、自主找药设备、健康自测设备等硬件的配置等，让药店面貌令人耳目一新。

5. 品类规划要顺应消费需求变化

米内网总经理、首席研究员张步泳曾预判过药店的品类发展方向有四个：第一是产品延伸战略，可以低成本扩大产品线/群；第二是大健康战略，可以低成本增加目标人群；第三是互联网战略，可以低成本提高流通效率；第四，实体药店市场中，利好小病药（常见病、多发病用药）和慢病药（长期用药）。此外，也利好健康优化生活类（阿胶养颜类、ED类、维生素钙类）。实际上药店的发展也佐证了他的观点。

一般而言，药店的SKU也就在三四千，类别为OTC、处方药、保健品、医疗器械、养生中药等几大类。而对新时代的消费者而言，他们对药店的商品则有着不一样的新型需求。

医药新零售业态加剧了药店品类的优化调整。以成都为例，新零售做得风生水起的泉源堂在四川药店行业率先开启隐形护理区，隐形产品成了线上线下的卖座产品，而包括泉源堂在内具备网红属性的药店更多地在品类结构上持续优化，琳琅满目的跨境商品也进入药店货架，为年轻顾客以及宝妈群体带来多样化选择，部分网红药店还链接第三方平台，开启代客找药功能，满足顾客的差异化诉求。

6. 较强的渠道获客能力

不同于传统药店，网红药店的渠道获客能力更强，他们对B2C、O2O渠道敏锐洞察，快速做生态嫁接，并注入营运资源，拓展服务半径，延长服务时长，门店订单的连续不断和外卖小哥的进进出出成了这类门店的独特风景线，甚至门口专门有一帮外卖小哥守着等待接单。

打造网红门店，以O2O为代表的服务是药店延伸服务半径的最佳手段，而小程序、微商城甚至短视频平台都是成就私域流量池的方向。

7. 会员管理与时俱进

在药店日常经营过程中，会员对门店销售额的贡献不容小觑，门店业绩想要持续火爆，打造科学完善的会员体系必不能少。然而传统的药店会员管理形同虚设，如何进行网红门店背景下的会员管理，利用专业的第三方会员管理系统以及层层递进式的会员维系很重要。

引入第三方工具及平台，以数字化智慧助力药店运用大数据，做好会员营销。通过强大的会员数据库，结合新零售大数据、第三方工具及平台可为药店构建全方位会员体系，引流到留存一步到位。

医药零售行业转向私域运营是趋势，药店需要把新老客户转移到企业微信中，引导他们主动添加企微好友，辅之以精细化、有针对性的内容和运营动作，增加用户黏性。

综合来看，打造一个网红药店，首先要把药店包装成具备网红素质。同时既要有精细化、数字化的管理运营思维，也要有泛零售的营销思维，做好店面形象改造，优化商品品类结构，延伸服务半径，延长服务时长，实现会员管理线上线下一体化，把更多场景线索转变为销售线索，这样，门店的网红效应才会随着流量和服务口碑的渐进式扩散而全面提升。药店永远是以专业价值安身立命，而对于药店从业者来说，网红不是一阵风的概念，而是用更好的手段、更高的效率、更有价值感的商品服务顾客。

本地健康生活新地标

药店是一个永恒的行业，也是一个充满着被革新和自我革新的行业。从大趋势来看，作为全球医药市场的重要组成部分，随着经济的发展、医疗服务能力的提高，中国卫生事业蓬勃发展。在居民收入水平上升、健康意识提高、人口老龄化趋势加快等因素作用下，我国卫生总费用持续增长。我国医药市场规模持续扩大，医药零售行业发展较快，药店仍然有充满想象的成长空间。

世异时移，综合来看，药店承载的功能和价值始终不会变，而药店服务仍是医药零售企业或者一家药店软实力的象征，是公司文化、经营模式、服务差异化及店面管理和员工形象的最直接体现。用户通过服务的品质和服务的差异化能够快速获得感知，员工通过输出服务实现岗位价值，同时增加业务自信，而两者产生的服务体验将会对品牌与用户之间的关系保持持续黏性，并逐步占领消费者心智。

一个值得注意的现象是，药店的用户群体也在变化。医药新零售大趋势下，年轻人正成为消费主体，他们对于医疗健康与保健的需求有着明显的差异，零售市场由此催生出更多的细分市场，商品的多元化、购药的便捷度、药店的体验感正潜移默化地影响着他们的消费决策。

来自政策的倾斜也让药店行业吮吸雨露甘霖。医药分家、处方外流、集采双通道、特病药房等为药店行业发展带来利好。另外一个明显的变化是，在消费升级背景下，消费者对健康消费的诉求有了明显提升，药店不再是通常意义上买药卖药的地方。除了大家耳熟能详的 OTC、处方药、医疗器械等类别外，如今我们走进药店能看到琳琅满目的个护产品、养生产品、隐形产品甚至跨境商品，药店的消费性质和专业价值并驾齐驱。

互联网更为药店带来价值加持，医药电商和一些有前瞻性的连锁药店先知先觉并快速树立自己的身位。在国家深入推进“互联网＋”行动计划的大背景下，“互联网＋药品流通”“互联网＋药学服务”等模式迎来重大机遇期。它们利用自身信息化、数字化优势，全面整合互联网医疗机构、网上药店、患者等终端资源，探索开展创新服务，为互联网医疗机构提供医保结算便利和医疗大数据查询等服务，为网上药店提供远程审方、用药指导和物流配送等服务，为患者定制个性化健康管理方案，提供全方位健康管理服务，打造以患者为中心、以数据为纽带的开放共享的大健康生态圈。

政策、科技与市场的合力影响赋予了药店新的含义。可以预见的是，特药(DTP)药房、慢病药房、药店＋诊所、中医(国医)馆等专业特色药房将在未来不断涌现，药学服务专业人才和数字化运营人才将成为药店的核心竞争力。同时，智慧药房将成为行业转型升级的新亮点。零售药店将改变传统服务方式，借助移动支付、刷脸支付、AI 机器人导购等信息化、智能化工具，打造直播等移动多场景营销、无人售药等新模式。只有如此，人们对药店的认知才会被刷新，更多的人才会更愿意主动走进药店，感受智慧健康生活的美好。

长沙湘麓医药学校校长、湖南诺舟大药房连锁有限公司董事长易军曾形象地形容药店的构成：“一是武器，二是拿武器的人。武器即商品力，涉及品种引进、商品分析、商品营销。拿武器的人即团队员工。”

借助于武器的性能和杀伤力，辅之以拿武器的人执行正确的战略战术打法，最终才能在药店的“修罗战场”上给予精准打击，产生更大的战略协同效应，这也是药店运营的基本盘，数字化工具和信息化手段更让这场经营之战变得更有“降维打击”的意味。

回归到药店本身，目前线上线下一体化的新零售运营模式已经成为国内主流药店连锁的标配,药店与第三方平台的合作日臻化境,同时药店本身普遍建立起自己的小程序和社群工具,公域流量和私域流量并重,药店行业部分企业甚至专门成立自有的在线药师和医师团队,拓展服务的边界,药店给大众一直以来的刻板印象正在慢慢改变。

作为药店森林里的醒目身影,网红药店将持续扮演着更大的角色,它们无一例外地在店面形象、品类结构、获客渠道、基础模块、软硬件等多个层面独具一格,堪称用户健康消费的养成所。追溯网红门店的本质,就是门店前端对消费者需求有充分的把握和响应,门店后端实现移动互联网时代下的门店效率提升,从而整体带动产业数字化升级,这种趋势会愈发明显。

风正帆悬,奋楫者先。展望未来的药店,我们相信,随着政策红利的持续释放、个人健康消费意识的增强,未来的药店一定是创新驱动的智慧药店,是兑现消费者价值的场所和社群化健康服务的核心入口,并最终形成“医＋药＋检＋险”产业服务闭环,药店的专业化价值、智慧化效应将得以显现。我们所有药店人都在拼尽全力共同迎接这一天的到来。

未来的网红药店,就是本地健康生活新地标!

(郑元铜、樊广明、李从选参与讨论修改,对本文亦有贡献)

练就网红药师

林承雄　李　光　杨贵元

> 药店药师，要与时俱进，顺应时代变迁，利用好互联网工具宣传推广药师的专业形象，提升在线药学服务能力，造福百姓健康。
>
> ——中国药科大学国家执业药师发展研究中心副主任康震

网红药师，即网红＋药师，是捉药师机构在参与策划首届全国药店网红药师评选比赛时，与中国医药物资协会研究院、重庆中盟、健阵医药等大赛组织单位共同提出的一个“组合式”概念。“患者所需要的药学服务在哪里，药店的药师就应该在哪里。”我们所处这样一个日新月异的互联网背景下的数字经济时代，患者越来越多地通过互联网平台寻医找药，原本只是在传统门店范围内执业的药师，不得不“触网”，不得不学习利用好互联网数字沟通工具，和患者沟通，和医生沟通，电子处方、互联网医疗处方的在线审方也如开闸水流，势在必行。同时，面向民众所要履行健康科普（包括安全用药、合理用药）的职责，要求一批又一批的网红药师涌现，带领整个药师队伍，全方位服务患者，走在时代前列。然而，如何发现培养药店系统内有网红潜质的药师，练就网红药师，是一个非常有意思的问题，也是一个可以集思广益的热门话题。我们将就此开展讨论，一起寻求答案。

为何要提出练就网红药师？

网红，按照百度词条，是指在现实或者网络生活中被网民关注从而走红的人。网红药师应该是移动互联网时代催生或者孕育出来的一种现象，可以说它是一种时代的必然。一个药店人及药师应该积极拥抱与顺应时代潮流，线下从事药学服务活动必然随着顾客转移到线上而在线上为顾客进行线上药事服务，所以线下药师也必然要掌握网红药师的业务能力。从线下到线上，这是一种全新的突破。

如何去拥抱和迎接药店领域的这个必然到来的改变，业界正在推动网红药师评选比赛，实际上参与网红药师评比就是一个练就网红药师的过程，具有非常重要的行业意义与社会意义。

第一，有利于通过互联网这个大众媒体扩大药师的影响力。

药师这个职称是干什么的，在国家的医疗健康体系里能发挥什么作用，社会公众可能不清楚。通过互联网的传播途径可以更好地宣传药师的价值，提升社会大众对药师作用的认知和药师价值的认同。

药师也可以通过互联网工具更便捷、更全面地为广大患者及家庭成员提供药学服务及健康管理服务，为实现“健康中国 2030”的战略目标做出更大的贡献。

第二，通过练就网红药师，提升药店知名度。

网红药师的打造能够提高连锁药店自身的品牌知名度。网红药师线上传播的方式和途径现在是面宽、量大、渠道数目较多，所以在不同渠道、不同角度都能够找到他们的“粉丝”，如果打造得好，实际上就代表着这个药店的品牌、企业的形象和内涵。网红药师在网络上越活跃，影响力越大，传统药房的品牌知名度就会越高。

第三，提高药店药学服务水平。

网红药师的打造能够更进一步地提升药店的专业服务水平。药师实际上是药店专业服务的具体执行者和体现者。过去药师在药店门店的服务模式只是一对一、面对面的服务，服务对象相对来说是比较固定的，面也比较窄。网红药师打造以后，服务顾客的数量和服务内容倍增，药师服务面增宽，社会关注度提升，就会有更多患者需求，反过来迫使药师学习更多的专业知识，掌握更多专业技能。同时，一家连锁药店企业或门店的网红药师还会带动其他药师一起服务更多患者，从而有助于提升整个药店的专业服务水平。

第四，网红药师是一种新销售途径。

网络药师的打造能够改变药店现在的经营方式和经营思路，增加一种新的销售模式和销售途径，即通过线上和线下的结合让药店的获客能力、专业能力和公信力急剧增加，让药店在经营过程中具有更多更好的抗风险能力。

第五，扩展顾客的宽度。

一般情况下，对年轻人来说，自媒体和网络媒体是他们最容易接触和接受的媒体，通过网络药师的传播让更多年轻人更早、更便捷地获取医药专业知识或养生保健知识，这样对于药店来讲扩宽了顾客的年龄段，经营能力无形中也就增加了。

总之，网络药师能够通过线上服务的模式，让更多人接触到药店行业所传递出去的医药专业知识和健康保健知识，同时也让药店和厂家在合作进行患教及传播产品知识过程当中，增加一种新的模式和途径。

新的模式、新的方法是时代的要求，不论是药店经营行业，还是其他行业，在新的模式出现时一定要满怀激情地去拥抱、去探索、去创新，新的销售方式创建一种新的销售思维，能让药店的发展力和动能更强。

第六,网红药师是做流量的最佳方式之一。

要想直播带货有流量,必须先让药店的员工成为网红,做网红是做流量的最佳方式之一。对网红来讲,颜值不是第一位的,自己的特色才是第一位的。持续输出,坚持一个月每天花半小时拍摄、剪辑、上传,才能从量变到质变。很多人对跟自己不同行业的人平时是怎么生活的,平时是怎样工作的非常感兴趣,我们药店店员的生活和工作状况也可以在网上分享。现在网络上这样的视频和主播还不多,这是一个巨大的隐性机会。

网红药师的基本能力结构

要想成为网红药师,必须具备一定的药学专业素质与专业服务能力。药师提供的是医药的专业咨询与服务,必须有扎实的医药知识,这样才具备开展线上线下药学服务的能力。如果要开展线上语音服务,药师就要具备一定的专业表达能力和沟通技巧,掌握一定的肢体语言,能够把深奥的问题浅显易懂地表达出来,形象上还得具备很好的亲和力。你得让大家喜欢你,才能让大家接受你传播的内容,越来越多的人喜欢你,你就自然而然地成为一名网红药师。

网红药师的基本能力结构,跟线下药师需具备的能力结构是不同的。

线上一对一药学咨询服务,比线下更快捷、更持续,可以更好地利用互联网手段,比如用音频、视频进行沟通。线上可以进行线下门店能做的咨询、答疑解惑以及社区门店便民的一些服务,也可以线上和线下融合进行药学咨询服务。线上可以方便快捷地进行一对一服务,而这种一对一服务也是更加深入人心的。

网红药师还应具备线上一对多的服务能力。当服务一个患者社群的时候,就需要具有全面的医药专业知识、心理学知识,具备讲课进行患教的能力，以及制作短视频传播药学知识的能力。因为一对多呈现的是比较复杂的需求情况，这对网红药师的专业能力与综合素质是一个比较大的挑战。

一对多的服务能力还有多方面服务的意思，从医药健康的角度引导更多的人不生病、少生病、保持健康，或者让亚健康人群恢复健康，呈现出药师的整体社会功能。

网红药师还肩负着非常专业的药学服务任务，譬如在线审方。这需要药师对自己药店销售的各种药品了如指掌，也要对每种疾病的常用疗法与用药非常清楚；对药物间的协同作用、减效增毒效应要非常熟悉，且时刻牢记心间，真正替患者安全用药把关。

提升网红药师能力的几条途径

1. 建立网红药师培训机制，培训专业网络传播与服务能力

网红药师是药师职业生涯规划的一个方向，所以药店培养网红药师应该是常态化的工作。同时，它是一个新鲜的事物，需要专业性的培训，包括互联网传播技术以及全方面医药健康知识的培训，否则很难适应未来网络对健康专业服务的需求。面对互联网大量的信息，有时候药师可能会不知所措，必须对药师加以实操演练，并给予后台支持。

2. 建立网红药师岗位职责，给予足够激励

医药行业的企业家及连锁药店的负责人要给网红药师以专职岗位。团队要做好网红药师激励，比如评估考级及相应岗位津贴的支持，用绩效奖励扶持网红药师。同时，通过树立起一些网红药师榜样，评估与肯定网红药师的价值，让他们的能力受到激励，从而在工作中更好地发挥出来。更多人争先恐后成为网红药师，药店的药学服务水平就能提高。

3. 网红药师自我学习提升

没有很强的专业知识和网络服务能力、创造力怎么办？可以自我进行学习，提升自己。比如，有一个捉药师视频号，里面有大量各种各样的专业素材，还有演绎得生动风趣幽默的课程与服务案例，可以学习一下，并结合自己的实践来演绎呈现出来。

4. 做好网红药师的视频号传播，扩大私域流量

路在脚下，想做网络推广，除了利用微信朋友圈、微信群外，从平台的适配度来讲，视频号是目前最合适的视频平台。做视频号的好处是你要的顾客基本都能在视频号找到，视频号是一个放大版的朋友圈。视频号不像朋友圈那样有限制，不管是不是好友都能够看到你发布的作品，只要浏览过就会在主页留下痕迹，能够根据浏览量来判断，清楚知晓现阶段关注者的状态，再做出一定的调整。

持续在各个视频号平台发布内容积累起来的流量叫公域流量。私域流量是指客户到你的线上、线下专属购买渠道来购买，并积淀下来的常用周围性客户。私域流量范围开阔，可以把全网吸引过来的流量都设法转化成自己的私域流量。药店培养药师这种能力，可以打开流量池无法扩大的局面。药师在互联网触网后也可以做直播，而不是简单地发布短视频。直播就像好的电视剧，做得好大家追着看，私域流量也就扩大了。

打造药店药师 IP 可以借鉴的方法与注意点

网红药师如果不想昙花一现，而想红得长久，红得健康，就一定要在内容创作方面守住底线。自律是网红药师最基本的要求之一。要注意自己传播的内容对公众的影响，不得违背社会道德和法律，以免因违规而遭到处罚，甚至被彻底“封杀”。网络是一个宽松自由的空间，具有较强的公平性和包容性，但其自由仍是相对的，不是绝对自由，不可侵犯他人的合法权益。

另外，作为网红赖以生存的载体，网络直播平台也应该清醒地认识到，网络自律也是自我保护，抵制低俗，弘扬正能量才能长久繁荣。

目前互联网各平台上分布着众多医疗自媒体、网红医生，可供药品零售领域想成为网红药师的群体参考学习。

各类医疗网红在品牌特征、平台选择、活动类型和变现方式与态度方面存在着较为明显的差别。不同类型的医生有不同的特色，所建立起来的影响力及发展路径也不太一样。成为医疗网红需要在技术、时间和人力方面有一定的投入，并且需要体系化的运作。成功包含几个关键因素：专业积累、领域强化、个人影响力建立、平台助力。

无论什么网红，内容是否关注热点、是否专业，以及是否原创这几点很重要，直接决定了影响力。“急诊女超人”于莺（原北京协和医院急诊科医生，现辞职开诊所）的“粉丝”从1000上升到20万只用了3小时，在她看来，主要是关注社会热点问题，容易引起网友共鸣。内容的原创性也很重要，如王光宝的微博，几乎都是原创，不愁“粉丝”量。那些能打动人心的文章，阅读量最多。

此外，医生网红对患者群体的教育是多赢的协作模式，并且存在“患找医”和“医拉患”两种模式。医生如何获取患者的信任，注重细节、贴心、换位思考、倾听这几点必不可少。其实，医疗网红对于医药工商企业的意义在于更快、更有效地传播相关医学和治疗理念，而不是由医疗网红直接开处方。在医院，医生有天然的患者流量群体，这是一个非常大的优势。这些对药店从业人员有相当的示范与借鉴作用。

同时，我们还应关注到医药电商依托互联网技术，在药品流通的过程中有着一套更加快速、科学的流程。扁平化的商采体系保证其医药保健品供给的灵活性，能够有效保障商品供给。再者，其较强的物流服务能力，使得其打通了最后一公里，能够为消费者建立起通畅的商品可及性循环。此次疫情，医药电商的天然优势便得到了放大。比如近期，一个颜值颇高的黄色"小药箱"成为各大社交平台的爆款网红，众多用户晒出自己了仅花1分钱就入手的"小药箱"。

区别于线上药店，线下门店的最大特色是利用区域优势来发展线下服务。在区域内提供顾客满意的商品与服务，自然而然就形成了一种复购。服务能力是药师建立起来的，需要具备很强的医学知识和医学内容，同时还要把医学知识和医学内容放大，和顾客建立强黏合度关系。此时，药师的个人品牌，以及其IP设定和维护，需要从长计议，长期打造，不断更新。

眼下，在打造药师个人IP时，药店企业IP与药师个人IP结合是一个非常前沿、非常敏感的问题，值得高度关注。我们主张一定要勇敢面对，在不断探索中寻求解决方案。

2021年7月，收到九洲大药房总裁齐丽的邀请，直播短视频培训专家田晓锋等一行专程来到杭州，围绕药师IP与药店IP如何有机结合相关话题进行了深度的探讨。

杭州九洲大药房在药师"达人"培养方面非常重视，也进行了大量的尝试，包括鼓励众多药师参加网红药师大赛等相关活动，也邀请了相关互联网专家对药师进行了相关专项培训。但是关于药师IP与药店IP如何有机结合，也暴露出了问题，比如如何归集流量、如何规避风险、如何防止人才流失等。

对此进行了深度的思考后，培训专家提出了如下应对思路：

(1)要认可网红药师对连锁药店带来的巨大价值，价值还是大于风险的，无论对销售还是品牌都是增值的。

(2)连锁药店可以与潜在药师签订相关协议，除了劳务协议之外，双方还可以签订公平的IP经纪协议。

(3)为了鼓励药师踊跃参与，连锁药店可以制定相应的激励措施，刺激药师的学习和留存。

(4)通过相关技术手段来留存用户数据，比如通过企业微信服务私域流量，给蓝微账号导入药师IP流量，同时将账号资源公司化等。

当然，打造药师IP才是最重要的，如果不能一起把增量市场这块蛋糕做大，只谈如何去分是无意义的！

通过这次行程，了解到九洲大药房也有很多流量打造的动作，比如私域流量的社群运营、在线电商的运营等，与药师IP培养也是相得益彰的。

(曲文浩、杨全柱、田晓锋、李从选参与讨论修改，对本文亦有贡献)

直播带货从扩充私域流量开始

唐先伟　张立武

私域是一个新内容载体和流量渠道，完全有可能重现过去几年公众号、短视频和直播的红利。当私域的爆发期到来时，全行业有可能会迎来私域的第二增长曲线。

——名创优品用户运营总监魏小雅

如今直播带货大行其道。看到别人一场直播销售过亿，不禁会有这样的反思：我们的企业到底适不适合做直播带货？眼看有人一场直播带货销售过亿，也有人坐拥百万流量但成交寥寥无几。有些商户和品牌主追逐直播带货的热情从未停下来，争先恐后地闯进了这片红海，寄望真金白银的投入能换来一个网红品牌，又或者实现销量暴增的目标。到底做直播带货从何开始呢？我们来为您解惑。

"玩转"私域流量

2020 年以来，有两个概念在营销界很"火"，第一个是"直播带货"，第二个就是从 2019 年起就为我们所熟悉的"私域流量"。

这两个营销概念之所以大"火"，究其根本就是：所有的企业都更注重营销的性价比。

直播带货可以让投入快速转化为销售回报，私域流量一直以来的理念就是不花高额预算买流量，而是做自己可控的流量。如果私域流量和直播二者结合，会不会缔造出一种更高效的营销方式呢？

想要搞懂直播带货，必须要学会“玩转”私域流量。私域流量到底是什么？似乎从它出生起就被贴上了“网购”的狭义化标签。在这个去中心化的媒体时代，私域的内涵已经渗透到短视频生意链条中的方方面面，与每个商家品牌息息相关，就像生命需要氧气一样，无可回避。换言之，不论街头小区的大爷大妈，走入门店的俊男靓女，还是躺在好友列表的兄弟姐妹，以及快手账号里的铁杆“粉丝”，我们都可以称之为私域流量。到底什么是私域流量呢？一句话以蔽之：能够接收到品牌主体直接触达和深度影响的真实且有黏性的用户群体。

拿美食网红博主李子柒来说，“粉丝”就是李子柒个人品牌的私域流量。

纵观快手超150万的商家“粉丝”，就有太多这种典型案例，能让我们清晰地看到，私域流量代表着的商业价值。例如，“马笛笛护肤达人”的“粉丝”量74.2万，在快手月创收高达200万～300万元；“法宇说装修”坐拥超227万“铁粉”，单场大型直播活动收入50万元以上；“宠物医生安爸”的“粉丝”不过20万，年收入却超过180万元。此类品牌拥有的私域流量与直播销售收入的高效转化案例不胜枚举。

就增值而言，私域流量意味着“铁粉”回头客为品牌买单，享受长期的忠诚收益。很明显，私域流量更具有品牌黏性，这样可以降低品牌商家从0到1的获客成本，提升品牌短视频营销的ROI。同时，私域流量更注重品牌与“粉丝”流量的需求和互动，能够让用户与品牌建立更深的信任关系，培养忠实用户。这点在快手上尤为明显。据调研，80％以上的快手用户愿意接受自己信任的品牌产品推荐。

如何打造私域流量并从中获利呢?

1. 快速反复触达顾客

随着社交平台微信的发展,我们可以非常方便地借助微信这个平台搭建自己的私域流量池,而我们为用户精心准备的高价值的内容或者营销活动,会在用户池内进行持续输出和传播,对用户有吸引力的信息能够快速地触达顾客。如果你有 5000 个微信好友,你的产品就能曝光给 5000 个目标用户。

2. 成本低,效果好

在私域里面,只要是自己的流量就可以免费触达,这可以在很大程度上降低营销费用,并且私域流量池的群体更精准,信任感更强,营销的效果也会更好。

私域流量的思维是用户思维,拉近和用户之间的距离,建立信任和情感联系,深耕这部分存量用户,挖掘更深层次的价值,是私域流量的基本逻辑。其中最核心的是用户对商家的信任。在私域流量中,商家和用户之间建立的是强联系和高用户黏性,网红带货,卖的不仅仅是货,更是情感和人心。

与网红直播带货相比,企业直播带货有很多先天优势:本身有一定知名度,能勾起消费者的好奇心,与产品和品牌的绑定更紧密,就好比是一张大网,捕鱼效率要高不少。但随着河边的人越来越多,鱼也会越来越难抓,因为鱼的总量就这么多。数据显示,中国移动互联网总用户数已经达到了 11.38 亿人,这就意味着,基本上会用手机上网的人已经都在用手机上网了,新用户增长的红利时代已经过去。这时候捞鱼,光靠大网是不够的——名头再响,让利再多,也就只能捞几次,不可持续。只有挖掘出老用户更多的价值,才能在竞争中胜出。

那么,把河里的鱼引导到自家的鱼塘里养起来,把公域流量引导为私域流量，就成了必然的选择。也就是说，要把那些在个人直播中看热闹、图便宜的人，变成品牌或者商家的固定用户，或是变成主播个人的消费型“粉丝”。前者是商家私域流量，后者是个人私域流量，这二者的发展状况，决定了企业直播带货最终能不能获得成功。

实际上，私域流量也是企业主或品牌方自己可以掌控和利用的流量。真正属于自有的资产，可以反复利用，并且免费直接触达用户。所以，直播带货未来的比拼核心，肯定是运营好私域流量。

流量变现：主播与“粉丝”互动关系决定

2018 年 7 月，统一公司开始在甘肃陇南武都区导入“新营销 128 战术体系”，在这个业绩与竞品差距高达 5 倍的区域市场，只用了两个月时间，就实现了业绩的逆转。

“128 模式”，就是统一立体连接落地的操作化模式。“128 模式”是统一公司根据新营销专家刘春雄提出来的，是按照统一公司的现状归纳出来的。

“128 模式”的内容是：1 个基本点，动销；2 个基本原则，线上、线下联动；线上 4 个动作，线下 4 个动作，共计 8 个节点，包括 B 端的定向铺市、无人推广、店内二维码、店主首推，以及 C 端的 C 端群、识别群属性、定向传播、多群比拼等。

一套模式下来，15 天见效，2 个月引爆。实施“128 模式”后，统一公司在当地业绩增长 241%，重点品项增长 390%，市占率上升至 50%左右。

这是一个典型的传统门店＋直播实现业绩逆转的案例，我们从案例中可以看到，一个优秀的主播，在他的直播间内，“粉丝”的占比往往高于公域流量进来的用户，同时“粉丝”下单的比例也更高,这个现象是不容忽视的。

在众多销售数据对比中,在直播过程中超过80%的销售额来自私域流量的“粉丝”。为什么会如此呢?

(1)带来真正的福利。直播带货的一个重要特点是低价、优惠,能够给“粉丝”争取到所谓“全网最低价”,“粉丝”来到主播们的直播间,获得的是实打实的优惠。一旦这种从主播那里获得优惠的印象形成,“粉丝”就会对主播形成依赖,固定频率蹲守直播间,看到正巧需要的优惠品就下单。

“粉丝”和主播之间是相互促进的关系,主播持续提供福利,“粉丝”持续形成依赖。李佳琦、罗永浩、辛巴等,莫不如此。

(2)主播品牌的信任度。对于消费者来说,购买某个品牌,一定意义上代表消费者对于这个品牌的信任,包括对于品牌产品质量、消费体验、售后服务等的信任。

优秀的主播直播带货从来不是一锤子买卖,而是以自己的信誉作为产品质量的保证,“粉丝”在主播的直播间购买产品,很大程度上是基于其对主播的信任,如果主播配得上这份信任,那么“粉丝”的黏性就极强。

(3)优秀主播都是私域流量运营高手。优秀主播的另一个特点是长期运营用户。像罗永浩这样拥有大体量“粉丝”的主播,日常在微博、微信、抖音提供内容,与“粉丝”互动。直播前,各种图文、视频内容预热,告知用户将要主播的产品,直播后还提供贴心服务。

在现实的直播带货场景中,主播与“粉丝”的互动关系决定了直播效果。直播带货作为视频直播技术的一个应用场景,既具有其他类别直播的共性,也有电商内涵的独特一面。从电商的角度来看,直播带货本质是内容营销。在传统电商中,消费者面对的是货品,而在直播的场景中,是人、货、场的转变,这意味着原本隐藏在品牌和企业背后的人格特质越来越成为影响消费决策的显性因素，人成为越发重要的节点，如格力电器就变身为“董明珠的微店”。人际关系理论在直播带货中发挥着越来越重要的作用。

正是由于直播电商同时包含着内容属性和产品属性，主播与“粉丝”的关系相较单纯的直播也变得更加复杂。

一个主播和其“粉丝”可能同时存在 4 种关系，也可能在 4 种关系模式中不断变化，“粉丝”经济在其中的作用也不尽相同。

（1）直播者转换为线上导购，从商品销售到内容销售。主播将“粉丝”视为销售对象，“粉丝”也将主播视为导购员。主播会对直播间代卖商品进行详细解说，而“粉丝”进入直播间也会就自己感兴趣的商品来询问主播。主播在答疑之后，还会进行话题的延伸，实现全面讲解。另外，基于货品的主播开始在直播中加入内容，减弱商业属性，增强直播的可观赏性、社交陪伴性和社群归属性，主播与“粉丝”之间的关系更加亲密。

（2）主播和“粉丝”产生价值共创的共赢合作。主播为“粉丝”争取到商品的最大折扣，而“粉丝”的大量聚集和购买力又成为主播与商家谈判的筹码。主播个人魅力不是其吸引“粉丝”的关键，销售商品的优越性成为关系链条的核心。

（3）主播发挥意见领袖作用，双方情感联系更加紧密。主播的意见领袖作用越发明显，同时双方的情感连接更加紧密，“粉丝”的忠诚度较高，流动性较差。

（4）偶像和“粉丝”关系。主播和消费者的关系还可能演变为偶像和“粉丝”的关系。“粉丝”不仅仅是主播带货的消费者，更会主动在社交媒体平台上集结为组织，成为主播个人品牌价值的生产者，例如李佳琦的后援会。

在“饭圈”文化中，“粉丝”往往为了让自己的偶像有更高的商业价值、获得更高价值品牌的青睐而过量购买明星代言的产品，或大量传播偶像参演的电视剧或综艺节目以提高收视率。通过消费劳动和传播劳动，明星的个人价值被进一步扩大，能在市场上获得更多的品牌资源和内容资源，从而增值其名人资本。也就是说，“粉丝”通过主动参与和消费再生产了偶像的个人价值。直播带货中，这一逻辑同样存在。头部主播常常会请明星（尤其是流量明星）来坐镇直播间，因为明星的“粉丝”不仅为了自己的情感来观看直播，还会为了再生产偶像的商业价值进行更多的消费和传播劳动。

每个主播或多或少都拥有这四重关系，只是比重不同。直播带货的成功与否，从多个角度反映出主播与“粉丝”的关系类别。在“粉与被粉”的四重关系当中，随着关系越来越深入，主播的人格魅力所起到的作用就会越来越大，而这正是互联网“粉丝”经济中非常重要的特性与影响。

用私域流量做直播，12 小时，带货 1637 万元

受疫情影响，私域流量越来越火爆，越来越多的企业加入私域流量大军，私域流量的“玩法”也逐渐多元化起来。尤其是疫情影响，加速培养了用户线上消费的习惯。很多企业将私域流量与现在的直播带货相结合，给企业私域流量客户增加产品曝光，同时也可以通过直播互动，增加信任感，刺激客户消费。

2020 年以来，中国社会消费品线上零售额占社会消费品零售总额的比重逐步上升，2020 年 5 月已达 29％，同比增长 5％。线上消费逆势增长，电商迎来新机遇。

评价一个企业老板行不行，有很多条标准，最近又多了一条：会不会直播带货。

疫情冲击下，直播带货成了为数不多的能创造利益的商业行为，各个企业纷纷入场，而且入场的招式全都一样，叫作“让老板打头阵”。

从林清轩开始，七匹狼、海底捞、红星美凯龙、银泰商业、携程、TCL、麦当劳、格力等企业的老板纷纷开启了直播。短短60天里，直播带货就从一种电商形式变成了火遍全国的热门风口。

“三二一，开始！”2020年8月14日中午12点，王不凡开播。直播画面里，他情绪饱满，与助播一起介绍、试吃产品，定时抽奖送福利。

直播间流量不断攀升，王不凡自身公司的公众号、App、推广平台、2000多个社群沉淀下来的私域流量共同运转，为直播间导流。同时有直播平台本身的公域流量加持，也为王不凡直播间带来了不少流量。

到下午5点，直播间人数直接突破了500万人。让直播间沸腾的顶点是，他拿下了12台小鹏汽车，在直播间全部送出。

这场直播最终创造了1637万元的销售额，平均每分钟成交2万元。此时平台正在举办“看点直播疯抢狂欢夜”红人巅峰赛，8月14日正是收官之夜。王不凡直接登上了榜一，成为腾讯看点首批红人主播TOP1。

直播带货改变了众多行业，举目四望，似乎所有的传统门店都在尝试直播。但这其中绝大部分都没有成功，甚至包括在全国拥有几百家店的连锁门店，依然还在苦苦摸索。

这与公司所具备的流量资源、人力储备，以及所选择的平台息息相关，影响直播带货的因素众多，且充满变数。

在我们看来，直播带货依然是值得尝试的，它最大的价值是提高了销售效率。直播带货无法取代传统电商，但当下如果不做直播，公司就会丢失一大部分增量。

老话说得好，“机会总是给第一批敢于尝试的人，哪怕错了，我也是第一个吃螃蟹的人”。

直播带货风口下，公域流量如何转为私域流量

如今进入后疫情时代，客户不进门，同行竞争大，营业成本高，营销难度大……每一点都扼住了实体门店的咽喉。即使是电商，也面临着比以往更为严峻的挑战：直播带货的冲击。

然而网红、明星、企业家们直播带货销量可观，其他人也能做同样的事吗？不一定。这其中涉及公域流量与私域流量之间的转换与沉淀。只有搞清楚这一点，才能在这场直播带货的风口上起飞。

改变，必须进行。

经营自己的私域流量，形成稳定的客户闭环，是极为关键的一点。

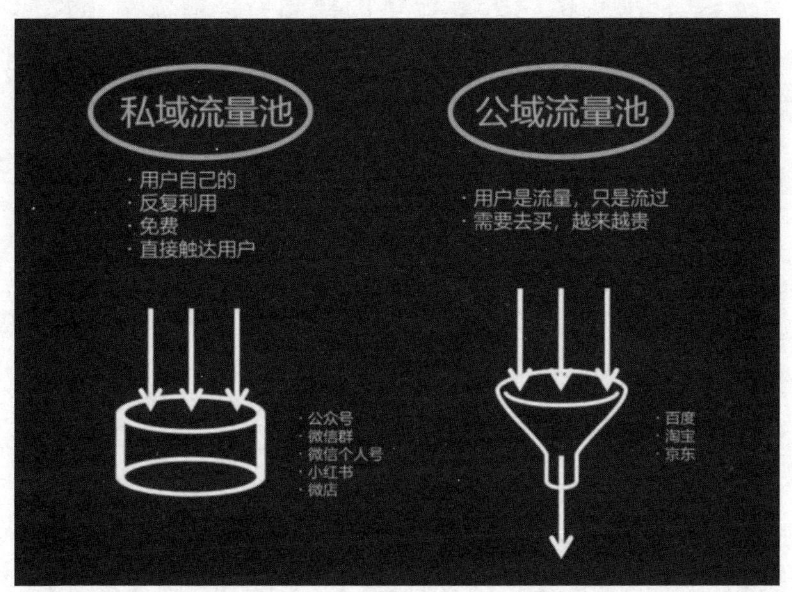

在线下门店转型前期，店家往往没有将公域流量转化为私域

流量的意识，认为只要直播带货了就能把店面做起来。很多商家会盲目地邀请明星或者网红等进行直播带货，其实背后的本质也是在借助他们的流量，对于普通店面而言也是公域流量。只有经营出自己的“粉丝”，才能真正拥有自己的私域流量。

举个例子，刘涛入职阿里直播四场，场场过亿，难道仅仅是阿里这个平台的威力吗？当然不是。凭借刘涛本身庞大的“私域流量”群体，她换到哪个平台，都能拥有相当的号召力。而普通店家在这一方面天然处于劣势，想要借助其他直播平台亲自上阵直播带货，积累属于自己的“粉丝”，也十分困难。直播平台上百花齐放，用户观看直播的诉求也并非只有购物一种，想要吸引他们的注意力，就得在众多开播者中脱颖而出。就算做到这一点，如何利用沉淀下来的“粉丝”进行裂变，吸引更多“粉丝”，形成属于自己的私域流量池，一般人也无从下手。

那么，公域流量如何转化为私域流量？

首先，我们要搞清楚公域流量的概念。公域流量指商家直接入驻平台实现流量转换，比如大家熟悉的拼多多、京东、淘宝、抖音、快手等，以及内容付费行业的喜马拉雅、知乎、得到等公域流量平台。在这些平台上的流量，就是公域流量。

公域流量对企业也有至少三个价值：(1)受众面广，可将品牌快速宣传到各受众人群，形成广而告之的效应。(2)持久化冲击消费者记忆，有助于塑造品牌形象。(3)保持品牌活跃度和竞争规模，延长品牌存活时间。

2020 年，新冠肺炎疫情暴发，线下渠道被切断，各大企业大力推进线上策略的部署进程，以期提升在线实体及社交媒体的运营，无缝对接消费者或客户，节约成本，提高转化。因此，如何将公域流量转化为私域流量也成为大家讨论的重点。到底该如何做私域的引流？

1. 选择合适的公域流量平台

抖音、今日头条、快手、小红书、知乎这些拥有大量用户的平台都可以尝试转化。但是，是全部选择还是部分选择，这要根据商家或品牌自身的特色与战略布局。无论选择什么样的公域流量平台，都要做好以下几点：

(1)做优质内容

无论是短视频、直播，还是问答、图文等自媒体，好的内容更容易让公域流量转化为私域流量，有“干货”、具趣味性、福利多的内容更容易吸引用户关注。

(2)熟悉各个平台规则

在规则允许的范围内，提供转化路径，比如二维码、微信号等。

(3)线上线下分享

可通过线下营销活动、线上自媒体推文等一系列方式引流。引流过程可以内置小程序二维码、链接，直接将客户引流到线上店铺。或通过一物一码引流，将商品作为媒介，使每一个商品都成为流量入口。

(4)活码引流

将单个或多个企微个人号组合的企微活码设置在材料上，并辅以“加粉”福利，引导公域流量扫码添加。

(5)裂变引流

策划一场裂变活动，刺激公众号“粉丝”或线下客户主动转发，发挥社交网络效应，快速吸引“粉丝”的朋友加入。

2. 私域“粉丝”的长期运营

在从公域流量截取私域流量之后，私域“粉丝”就诞生了，但是，这还远远不够。重要的是要长期运营，只有这样才能保证私域流量的质量。以下是私域“粉丝”长期运营的重点：

(1)好的内容输出

好的内容是从公域流量吸引“粉丝”的重要手段。优秀的内容同样也是在路人成为“粉丝”后，能够持续将“粉丝”留下的重要原因。

(2)提供福利或“干货”

优秀的主播会持续给“粉丝”提供福利，这也是“粉丝”留下的原因之一。对于品牌来讲，除了能给“粉丝”提供优惠的福利，提供行业或产品相关“干货”外，真正让“粉丝”学到东西，给“粉丝”带来的价值不亚于优惠。

(3)做好用户运营

对于私域流量来说，最重要的其实不是获取，而是运营。如何激活“粉丝”，让“粉丝”与品牌形成长久互动关系，甚至参与共建品牌的过程，是一个重要的课题。就算做到这一点，如何利用沉淀下来的“粉丝”进行裂变，吸引更多“粉丝”，形成属于自己的私域流量池呢？

从0做私域直播，建立企业自己的私域流量池

要想维持公司的增长势头，有两条路：要么获得新用户，要么让老用户的价值发挥得更大。在流量红利殆尽的当下，挖掘老用户更多的价值成为共识。

随着时代的发展，公域流量变贵了，花一半的钱投入广告，收益不一定能达成正比。所以，相对于公域流量而言，私域流量有着天然的优势，无须付费就可以达到一定流量的推广。

私域流量是相对而言的，指的是我们不用付费，可以任意时间、任意频次、随时直接触达用户的渠道，比如自媒体、用户群、微信号等，其本质归结起来就是：通过自己接触平台去传播。

通俗来说，私域流量就是为了实现低成本获客，搭建属于自己的流量池，再针对不同的客户运用不同的方法，将生意彻底盘活，实现“粉丝”的二次利用。

建私域流量是一个长期的过程。不是挖一个大坑就有吃不完的鱼，要在建立稳定引流机制的同时，对私域流量里的用户持续地输出价值，不断维护和积累，建立起专业、权威、信任、友好、共生、共鸣的关系体系。

私域流量的载体有哪些？

在了解私域流量载体前，我们首先要知道流量池的概念。流量池就是流量蓄积的容器，是为了防止有效流量流走而设置的数据库。流量池指的是流量巨大，比如淘宝、百度、微博等，只要预算足够，可以持续不断地获取新用户的渠道。

要想从流量池里抓取属于我们的流量，有哪些载体可以选择呢？

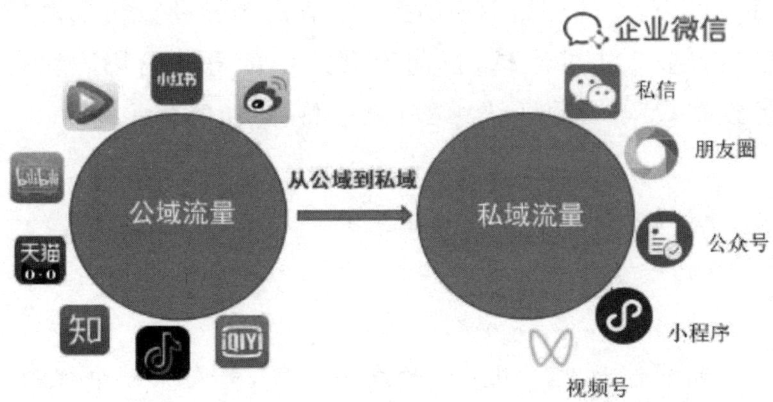

公众号——被小看的流量工具。公众号是我们与用户进行高频互动、高效接触的重要工具，而运营私域流量的一大前提，就是与用户建立紧密的联系。公众号轻松服务大规模的用户，提供专门的内容和服务入口，同时公众号的数据统计功能和技术功能异常强大，使之完全可以成为私域流量沉淀的宽阔河流。

微信群——低成本留住流量的利器。只要有了微信群这样的池塘，企业就可以在做好拉新、留存和转化等必要运营动作的前提下，将成本大大降低，而流量也将变成留量。事实上，微信群运营很好地体现了流量池思维。

小程序——流量池洼地。所谓小程序，就是一种无须登录和下载就能使用的轻型应用服务。用户通过搜索或扫码均可直接打开使用，非常方便，有分享功能，易于传播。

App——建立属于自己的流量池。从本质上来说，就连微信群和个人号这种看起来私域性很强的流量储存形态，其中的用户也都属于微信，而非属于你，除非你把用户绑定到不通过微信也能实现触达的平台上，这显然只有 App 能做到。可以说，App 才是属于企业自己的流量池。

视频号——流量池的新洼地。2020 年，一场疫情打乱了所有人的计划，几乎让人人都陷入了焦虑中。除了疫情之外，我们还听见了另一种声音——微信视频号。微信视频号还没全面开放就赚足了各行各业人士的眼球，目前仅有一小部分微信用户获得了视频号的发布权限，其余绝大多数用户则在急切等待中。

视频号有什么营销价值？

(1)一个超级流量入口。

(2)链接公众号导流变现。

如果你开通了视频号的发布权限，每发布一个视频，可以添加一个公众号文章链接。

公众号文章里可以放公众号二维码、产品的二维码、个人微信二维码，还可以直接链接产品。

企业微信——互联网最后的流量洼地。关于企业微信与私域流量，这是腾讯官方一直没有正面回应过的话题。

在一次群访现场，五纪时代获悉到腾讯企业微信官方对私域流量的态度。腾讯企业微信行业拓展总经理卢青伟表示："我们认为不应该是把客户笼进来刷流量，而应该是去服务存量用户，去给他们提供有温度、更专业的服务，而不是把客户当流量来看待，这其实是不好的。所有的客户都是很珍贵的，应该是我们有温度服务的对象。"

不难看出，腾讯对私域流量这一热词的态度是中立的，但对于以刷流量为目的做私域流量的行为则是坚决反对的。私域流量背后，应该是怎么基于服务提高用户满意度，怎么把存量服务做得更好，而好的服务能够带来口碑传播。企业微信要做的，就是作为一个连接器，作为一种有温度的私域运营工具，帮助企业更好地服务自己的用户。

下面以销售破百亿的孩子王为例，我们来看一看一个非常成功的企业是如何利用多种私域流量载体来扩充私域流量池、构建 SCRM 体系的。

截至目前，孩子王已经做到全渠道会员近 5000 万，其中付费黑金会员 200 万。早在 2018 年，其销售规模过 100 亿元，年复合增长率超过 100%。全国有 300 家母婴店，微信公众号"粉丝"超 500 万，App 装机数 1500 万，小程序注册用户超 500 万。在这背后至少可从四个维度来看待其成功：

1. 员工 IP 化

孩子王的员工，不只是门店员工，每一个员工都是育儿专家。据数据显示，孩子王有 300 家母婴店，打破了导购的常规，要求一线员工全部是育儿顾问，80%以上的员工拥有国家认证的育儿资格证书。

对孩子王的每一位顾客，接待的育儿专家及服务评价，在小程序里面都有一对一的跟踪记录。顾客也可以根据小程序里面的评价，选择服务顾问。这一点和深圳优剪理发类似。如果对某个顾问满意，可以从小程序中购买该顾问的专属服务。从数据上看，黑金会员与普通会员相比，满半年的ARPU值增加6倍，满半年的购物频次是3.5倍，满半年的订单数是3.9倍，满半年的客单价是1.4倍。

这些育儿专家也会引导客户购买自己的VIP服务，持续付费消费。

2. 全渠道私域流量池

对于孩子王而言，流量不再仅限于留在微信中，用户在哪里，私域流量池就在哪里。换句话说，对这种复合流量企业，强行把所有用户都引流到微信，也不是最好的选择。毕竟，个人号过度营销，还有封号的风险。

企业微信场景：孩子王为了留住用户，专门开发了一套企业微信管理软件SCRM。用户可以实现微信的即时聊天，把用户拉群，发红包给用户，实现了沟通的高效与便利性。

员工的个人微信号场景：很多企业，为了防止用户流失，一般是以企业名义申请很多微信号，让员工经营。而孩子王则不同，将权限下放给员工，让员工独立经营自己的客户，既实现了高效沟通，还去除了中心化，同时增加了顾问与客户之间的信任感。

门店场景：门店的空间是一个很好与客户直接沟通交流的地方。孩子王的每家门店一年要办1000场线下活动，平均每天3场。客户带着自己的孩子来孩子王的门店，参加各种丰富的亲子活动，本身就是与孩子王这个品牌以及门店顾问产生信任和连接的过程。

3. 用户数据化

私域流量池的核心价值在于用户数据化，用数据指导经营。例如，孩子王对用户进行分析，由400多个标签构建起了用户标签体系。这些标签方便定位客户孩子所处的阶段，给顾问制定最好的反馈。同时，结合顾问给客户打的标签，还有利于后期的新客户转化和留存。

4. 场景化服务

打开孩子王的小程序，用户不仅能看到最近门店的育儿顾问IP形象，可供用户选择的育儿服务和育儿活动，如月嫂服务、门店育儿活动报名等，还可以在小程序里选择育儿顾问、门店服务，甚至是育儿相关的金融服务，如儿童重疾险等金融类产品。线上下单，线下体验，是全新的O2O尊享模式。

孩子王还营造出良好的平台服务场景。依托手机号的便利性，孩子王实现了用户一账通。比如用户在小程序里面搜索了某个产品，回到微信时，可以给用户推荐相关的产品或进行优惠活动的营销。

很明显，如果包括连锁药店在内的企业都能扩充完善自己的私域流量，我们就能信心满满地做好包括直播在内的种种营销，服务好用户，给用户带来种种不同的场景体验。

（崔洪鑫、王元喜、李松、吴均福、钱宁参与讨论修改，对本文亦有贡献）

除了带货，药店直播还能做什么

秦光霞　施能进　齐　丽

执业医师按照国家有关规定，经所在医疗卫生机构同意，可以通过互联网等信息技术提供部分常见病、慢性病复诊等适宜的医疗卫生服务。

——《中华人民共和国医师法》第三十条

现在直播对企业营销的影响，绝不仅是营销手段上的变动，更是企业在营销思路上的更新换代。直播目的除了带货以外，更有圈粉、宣传、导流、消费者教育等功能。直播功能的多元化趋势已经呈现，对于目前初涉直播领域的医药零售企业来说，除了进行直播带货的商业化实现之外，其他直播的功能与形式也可以进行大胆尝试。

药店直播的多功能呈现

1. 直播的社交功能

直播是目前最火的社交方式之一。利用直播作为圈粉工具，要基于产品特性，符合消费者对健康需求内容的特点，产出精细化、定制化内容，俘获消费者的心智，成功"种草"，推动医药零售企业形成私域流量，开展社群营销。

2. 直播的品牌打造功能

可以通过直播的形式宣传企业及产品品牌。未来的品牌传播途径，除了图文、音频、短视频外，直播内容运营也会逐渐成为企业推广品牌的主流形式之一。在直播场景下，品牌企业的IP打造需求更加突出。企业需要通过内容运营将流量进行聚合，强化整体上的品牌IP，最终实现真正意义上的品效合一。

在此过程中，可以打造网红药店、网红药师、健康“达人”、网红产品，用IP链接企业和用户，提升品牌价值，从而顺利变现。

(1)打造网红药店。首先是想方设法增加线上订单，使之占到整体销售一定的比例。以药店或门店名义，发起各种公益活动，也是一个有效的方法。例如，可以联合厂家发起关爱阿尔茨海默病患者活动，通过线上直播做患教，了解病因、临床表现，讨论治疗方法。再通过到线下门店领取黄手环，呼吁社会关注阿尔茨海默病患者，遇到佩戴黄手环的老人，请把老人(爱)带回家。如果这类公益活动长期坚持，人们口碑相传，就能打造网红药店。

(2)打造网红药师。在连锁企业组织下，鼓励药师通过直播短视频、微信公众号、自媒体传播等，宣传健康知识、药学科普知识、药学服务特色等，再结合医师和从业环境，联合打造企业IP与药师个人IP，推出连锁企业或门店自己的网红药师。

(3)成为健康“达人”。连锁企业要号召门店一线员工成为健康“达人”，一是药店经营在线化的要求，二是药店积累私域流量的必然要求。只有每一个员工都会利用互联网工具来为会员顾客服务的时候，连锁门店才会真正为更多会员顾客做好医药健康的专业服务。

(4)“打爆”网红产品。通过直播进行产品知识、医理、药理等传播，可根据季节需求、产品线、药店人员专业度及药房未来的定位规划，聚焦某一病种，或者某一治疗领域，使用多种互联网传播工具，引导医药健康消费，“打爆”网红产品。

九洲大药房每周固定进行2场社群直播，每月固定进行2场专家线上患教（义诊）直播。社群直播由专业药师进行直播，义诊由药师和医生配合进行。在这个过程中，药师不仅提升了自身的专业能力、沟通能力、互动应变能力，同时产生了与顾客连接的机会，增加信任与黏性。通过分享推广，观看人数、互动人数不断增加，有更多的人知道九洲直播，知道我们的药师，同时也收获了很多新“粉丝”，前来咨询。每一位药师都有一个明确定位，定位病种，定位风格，使自己具有标志性，从而更招“粉丝”喜欢，更受“粉丝”信任，更能带来销量（本质上定位是针对目标用户做价值输出，解决用户痛点，同时带有社交属性、娱乐属性，这样才可以锁住用户）。

3. 直播的高效引流作用

门店客流不足是普遍且持续恶化的现象，直播引流是企业进行营销的主要方法之一，特别是线上线下结合，利用线上直播的推广和宣传为线下门店进行引流。用直播手段获取公司人员触达不到的客户，特别是其他连锁的客户，起到延揽客户和打压竞争对手的双重目的。从线下到线上，再从线上反向导入到线下，使连锁药店快捷有效地增加外部会员。私域流量的打造不能仅仅看那个数字，看有多少流量，有多少“粉丝”，多少会员。“如果只是把它当成一个数字，对它依然没有太多认知，或者把所谓精准的标签打上去，实际上还是连接不到客户的。”所以，了解用户需求，跟客户成为朋友更为重要，再辅之以专业药学服务场景，一次又一次积攒富有黏性的药店私域流量，如此才能实现变现（销售、留存、复购、裂变），最后一步才是卖货。在此过程中，直播是非常好的可以导流形成药店私域流量池的方式。

如九洲大药房通过直播形式引流慢病会员,从而实现关联销售。一般糖尿病患者只买安达唐,血脂患者只买立普妥,如何实现关联销售呢?我们从通过图文形式在朋友圈科普,到制作药师视频讲解,最后进行患教直播,逐步将相关产品知识传递给慢病会员,并根据季节时令、时事热点进行专题直播,跟紧需求。从认知层面告诉患者这个是你需要的,再给予激励措施,最后形成转化。而患者习惯停留在这些患教场景——相当于一个富有黏性的私域流量池里,应用这样一种模式,销售额提升是比较明显的,而患者用药的依从性、回头率也就不用担心了。

4. 直播的培训教育功能

目前的线上培训主要有两种场景:其一是企业内部的培训,即店员、店长的销售培训;其二是知识变现类型的培训,也就是消费者教育培育。在销售者和消费者之间搭建桥梁,直播这种营销方式最为有效,常态化的直播,必然加深品牌及产品对销售者的影响广度和深度。

5. 直播的慢病管理功能

零售药店在做的直播内容,除了带货外还包含各类慢病知识培训和患教,是药店向消费者传输健康知识的一大途径,也是培育私域流量客户“种草”的主要手段。2020 年以前,医药电商从属于电商形态,但在疫情中,医药电商逐渐形成自己特有的属性,医药健康需求成为人们日常诸多需求中的首选,这也是药店直播的现实基础。目前医生 KOL 在各类短视频网站上很“火”,各类短视频平台都推出多项政策,大力扶持健康保健类的内容,具有很大的市场发展潜力。同时,疫情也进一步刺激了大家对医学科普知识的需求,医生 KOL 在直播过程中还可连麦问诊与“粉丝”互动,利用自己的专业知识、权威性,通过商品橱窗添加商品,来引导顾客购买。

如九洲大药房在皮肤相关疾病直播过程中，患者根据自己的问题，向医生寻求帮助，医生通过与患者的互动为患者进行诊断，同时在直播间教观众如何判别，如何根据症状选用相应产品，在不同阶段如何使用，做了很好的引导工作。以往医生在诊室里同样的时间只能服务1个患者，而在直播间同时服务成百上千人，好的片段可以剪辑成视频，重复播放，效率提升也是显而易见的。以下是斯利安直播回放与必利劲患教直播回放画面。

6. 直播的渠道拓展功能

直播具有强大的渠道拓展功能，比如直播与分销结合。根据目前医药电商发展的趋势，直播和分销相结合，联合厂家进行内外客户并行开发，利用私域流量“圈粉”、精准推广、靶向服务的特性，进行有效的用户管理，同时利用分销模式实现销售的落地。这样，直播前期圈“粉”，直播中期成交转化，直播后期二次营销，一个完整的直播流程得以完成，顾客、员工、品牌方和供应链、平台有机地结合在一起，循环往复，形成一个闭环。

7. 直播的全方位营销功能

直播还可以结合连锁药店总部的落地商城，实现全方位“3A”营销，即任何人（anybody）、任何时间（anytime）、任何地点（anywhere）都可以通过移动终端，参与到直播营销中来，实现全员及社群营销、场外营销、营业时间外营销，突破时间和空间限制，随时随地进行营销业务。依托分销荐客的裂变，低成本获取更多的新用户，多渠道结合，在同业竞争中取得优势。

8. 直播中视频素材的再次利用

直播中较好的片段内容可以再次剪辑做成音频、视频，或转换成图文素材，在媒体矩阵中使用（小红书、B站、喜马拉雅、知乎、微博、头条等）。

开拓药学服务新途径

专业药学服务的提供是药店非常重要的功能，也是体现药店专业性，获得顾客信任的抓手之一。药店专业药学服务的提供需要与现代化的信息技术紧密结合，直播是药店开拓药学服务的新途径。

（1）可以采用线上、线下同步直播的形式开展药学服务培训，联合厂家资源和自身专业培训的力量，组织顾客进行线下店内专业药学培训的同时，同步开展线上直播活动，并进行线上线下互动，不仅能够拓展线下听课的范围，也很好地提升了药店专业服务的影响力。

（2）可以利用抖音、快手、小红书等短视频平台，在国家和医药行业合规的范围内，开展“药师说健康”或“药店与健康”等直播活动，直播主题可以涉及安全合理用药、慢病管理、中医养生等。在直播中进行生动科普知识的传递，不仅可以打造线上药店的专业品牌形象，同时也开拓了药学服务的新途径，最终建立药学服务的新平台。

(3)积极鼓励药店里的执业药师、初级药师学习微信视频号的相关运营流程和技巧，鼓励药店的专业化团队利用互联网工具进行线上引流并提供专业药学服务，让药店的专业力量逐渐向互联网线上转型，培养一批品牌药店的网红药师，充分利用视频号直播的便捷性、传播性、社交性，定期并有组织、有规划地开展直播活动，结合老百姓用药容易出现的问题和误区，针对药店在药学服务中出现的新问题，进行合理用药等药学服务的专业指导。

(4)在抖音、小红书、快手、微信视频号直播进行药学服务拓展的过程中，需要不断提升药店及药师直播的影响力，扩大覆盖面，因此可以在每次直播活动之前，在公司及个人微信朋友圈、公众号等进行药学知识、健康管理知识的普及，对直播活动进行预告，让更多的人参与并关注直播活动，并从公益的角度提供专业药学服务，坚持下去，必然会超出预期，获得老百姓对药店的信任和支持。

(5)药店专业培训的实施及考核是药店专业化进程的必经之路，如何以高效、生动、有趣的方式将专业化的课程让我们的员工吸收和掌握，是药店专业化进程的难点。同时，面对线下组织专业培训的各种挑战，如费用、场地、时间、培训设施与设备、师资，特别是新冠疫情期间的防控要求，如何进行线上高效培训，是药店必须翻越的大山。而直播给了我们解决的最佳方案，尤其适合执业药师、初级药师、慢病管理等专业课程的培训。全国互联网优秀药学教育平台“捉药师”就是通过线上线下直播面授的形式，采取“钓鱼法”“一见钟情教学法”“教学情境带教”等方式，将复杂、枯燥的医学药学专业知识通过直播的方式，生动、有趣、高效地传递给药店学员，并有配套的在线督学和考核系统，将专业化培训的效果夯实落地，获得了全国数以万计学员的好评，得到整体药店行业的认可。

(6)直播有效促进医患之间的互动，增加顾客黏度，助力药店慢病管理的实施。

药店慢病管理是品牌连锁药店全力打造“以患者为中心”的创新商业模式，致力于为慢病患者提供全病程管理解决方案，以此不断扩大优质药品的可及性与可支付性，而患者的高黏性和依从性一直是药店慢病管理的难点和热点问题。通过形式各异的在线直播活动，不仅可以增强药店和患者的互动，让药店了解患者的疾病和健康状况，也让患者对药店的服务、品牌、专业有进一步的认识。在直播互动中，药店用专业性获得患者由衷的信任，以此提升慢病患者的忠诚度和信任度。

推动药店经营管理在线化

在线化已经成为中国人的一种生活方式，随着 5G 技术的突破与智能移动终端设备的普及，我们每个人每天的在线时间都在逐步延长，工作、生活、娱乐、联络都使用智能手机，有时一天在线时间高达 10 个小时，工作生活都在线上，手机不离身已经是常态，有人戏称手机已经是现代人的一个器官了。直播和短视频以及其他管理软件，除了营销、传播外，还可以直接推动药店整体经营管理的在线化，实现智能药店和智能管理，提高各项工作效率。那么，药店到底在哪些方面可以实现在线化呢？

1. 产品在线化

近十年以来，各地医药公司、中药材市场和大型线上平台，都在致力于打造网上永不谢幕的药交会。2021 年 9 月 16 日，2021 秋季京东健康云上药交会开幕，目标也是打造永不落幕的药交会。

线下药店由于经营面积的限制，不可能展现很多产品，一般150～200平方米的药店，也就陈列4000左右SKU，但药店的线上商城则可展示无限多个产品，事实上很多药店都已经做到了。线上陈列展示形式多样，可陈列展示产品内外包装、产品说明书，同时厂商可对产品进行视频讲解，也可使用3D动态照片对产品进行展示。

产品的在线化不在于多，而在于分类合理，按照季节展示当季的畅销产品，同时还必须让消费者方便找到自己想买的药品。如果能像百度、高德地图那样利用语言输入搜索和导航地点，消费者通过药店的微信小程序或者商城，语音（甚至用方言）输入找药，就能方便快捷地在线上找到自己想要的药品。这是在线化的关键，需要药店软硬件的升级提高。

产品的在线化，还有一个重要职能就是在线新品视频介绍。录制好产品介绍的专业小视频放在产品旁边，消费者想了解就点开视频自己看，不受时间地点约束，这样就可以大大方便消费者了解产品，也减少一对一咨询的工作量。

2. 药店品牌在线化

未来药店的竞争，集中度越来越高，要想获取客流，品牌是关键因素之一。目前很多药店不太重视线上的品牌传播，往往线上官网只有企业动态或企业新闻等栏目，大多还没有线上商城这样的栏目，就是说没有提高到品牌传播的高度。

药店品牌宣传首先要传播企业的理念和价值观，比如山东玉漱平民大药房的企业使命是“呵护人类健康，创造幸福生活”，并一直在传播“药品真、价格低、服务好、待人诚”“明明白白购药，实实在在便宜”“平价、优质、专业、便利”的经营理念。

品牌在线化要随时更新企业的品牌文化活动。企业的公益与公关活动是传播品牌最好的方式，公关活动要求“做到要说到”，因此把企业各个层面所做的公益活动、员工专业热心服务、对顾客的关爱事件提升到品牌文化传播的范畴,有利于企业整体品牌的打造。

品牌在线需要专门的部门负责,比如市场部、总经办等,凡是企业的重点活动,都要录制、剪辑制作成短视频,通过视频来传播企业文化与品牌,提升自己企业的美誉度。

品牌是区别一个企业与另一个企业最重要的标志,品牌传播的短视频也要讲述自己企业与其他企业的差异点。很多老字号的连锁企业有很多故事,可以把这些故事重新加上醒目的标题,并录制成吸引人的短视频,在线传播品牌。

3. 药学服务在线化

药店的各项服务中,最重要、最能体现专业水准的是药学服务,也是顾客对药店的核心需求之一。做好药学服务在线化,应该做好以下几点:

一是通过网红药师系统讲解疾病的治疗、康复、保健和合理用药知识。可选择几位形象气质佳、口才好的执业药师,市场部可给他们策划系列讲座,比如高血压防治知识系列讲座、糖尿病防治系列讲座,要从疾病及药学的专业高度通俗易懂地讲,不能只是为了卖药来组织视频讲座。如原苏州粤海大药房聘请专业医师定期举行消费者疾病治疗方面的讲座,重点讲专业的医疗知识和治疗原则方法,较少讲到每个厂家的产品,病患踊跃参加,座无虚席。现在我们可以利用信息化技术,将专业的知识讲座通过直播的方式搬到线上,不仅不受疫情影响,而且不受时间场地与人数多少限制,是非常好的在线化患者宣教活动。

二是安排执业药师轮流值班,实时在线,通过视频面对面的方式,接受用药和疾病防治知识咨询,详细解答顾客提出的各种问题。同时,还要对药店的产品非常熟悉,可以把产品说明书集成到电脑中,顾客问到什么产品,即使做不到马上随口就能解答,也可以先通过问诊,了解顾客需求的同时,马上在电脑上打开产品说明书和厂家的培训 PPT，从容对患者进行产品知识讲解。

三是医师在线医疗服务和药师在线审方服务。有诊所资质的药店办理合法的资质后，可以远程开方，尤其是复诊的患者，拍照上传首诊诊断及用药后，可开具顾客所需要的药物。

早在 1988 年，解放军总医院就通过卫星与德国一家医院进行神经外科远程病例讨论，这就是有限受众的直播会议。2018 年 4 月，国务院办公厅发布《关于促进互联网＋“医疗健康”发展的建议》，鼓励医疗机构应用互联网技术拓展医疗服务空间与内容，构建覆盖诊前、诊中、诊后线上线下一体化医疗服务模式，允许依托医疗机构发展互联网医院。而全国首家互联网医院在乌镇开业，正式开启了“互联网＋”医疗的全新模式探索，互联网医疗入局，探索数字化医改路。

专业的直播技术一定程度促进了电子处方的流转，加强了医患之间的有效沟通。电子处方是由医师在诊疗活动中使用信息系统为患者开具，并能实现存储、管理、传输和重现，由药师进行审核、调配和核对，可作为患者用药凭证的数字化医疗文书。电子处方的出现使得患者可以远程问诊并获得就医购药权，破除了无纸质处方的窘境，促进了零售药店处方药的销售。目前，绝大部分电子处方尚在医疗机构内部流转，电子处方被视为医疗机构的核心信息，没有电子处方，就无法获知患者的真实需求。随着互联网医疗的兴起，互联网医院应运而生，处方流转不断增多，在线处方审核工作的重要性将越发凸显。互联网的直播会诊技术能够帮助医患之间进行实时的沟通，实现更有效的沟通，医生在线接诊时很清楚互联网的另一端是哪位患者、病情如何、可能需要何种帮助，全程留痕的在线直播复诊记录与院内电子病历组成了同一患者的完整诊疗记录，成为后续诊疗的依据。直播会诊技术特别适用于疑难病情的多方会诊。另外，依托直播技术，在线处方审核工作也将实时有效，实行总部统一审核处方的执业药师可以更好地发挥专业特长，克服时间和空间的障碍，更有效地保证用药安全、有效。

随着直播技术的成熟和应用，各种形式的直播方式和形态将在互联网诊疗、跨国直播会诊、医患沟通、患者宣教、医药科普、电子处方流转、在线处方审核等医药模块发挥越来越重要的作用，直播将进一步助力中国的大健康事业。

我们以山东漱玉平民大药房的三个在线场景为例，看一看龙头连锁药店企业在此方面的最新探索。

玉医直播间：漱玉平民携手省立三院等山东省内三甲医院临床专家教授资源，针对季节性、热门性健康话题定期开展玉医直播间活动，线上进行专业科普、在线答疑等，并开启视频回放机制，供市民随时观看，健康科普直播覆盖近千万人次。

慈家护理院互联网医院：依托济南慈家护理院，漱玉平民于2020年1月建设申请了济南慈家护理院互联网医院，目前承接了漱玉平民旗下零售连锁门店的日常问诊业务，为患者和消费者提供处方药电子处方、中医在线、中医名方、特色专科、慢病管理等多项基于互联网医院的诊疗服务。

“参”情厚义——爱心助农公益活动：2020年，新冠肺炎疫情突然席卷而来，东北参农的大量参类产品严重滞销，由漱玉平民大药房联合东方红西洋参药业、山东广播电视生活频道、农科频道共同发起“参”情厚义——助东北参农，惠齐鲁百姓，爱心助农公益行动。此次活动得到了多方媒体的支持，引起了社会各界的热烈反响，既为齐鲁百姓谋福利，更推动了长白山人参产业再上新台阶。

4. 培训在线化

专业化的服务能力是药店的核心竞争力。怎么做到持续专业化呢？培训是最好、最有效的提升店长专业化水平能力的手段。专业化的培训分为两个方面：

一是不断加强药店内部系统培训，组织店员及店长在线学习系统专业知识，方式是根据疾病细分，把要学习的内容拍摄成视频，或者组织专业水平高的药师直播，还可以看老师总结的 PPT。学习完后，自己在线上直接考试，考试 3 次，成绩每次都达到 100 分，本章节的内容算是学习合格过关了。出题时，可以模仿执业药师考试题，实战类型的题目比例可加大。同时，对店员进行等级评定，比如专业一级到专业五级，还可以细分为中药与化药技能一级到五级，甚至每个病种，如四高慢病管理的专员一到五级。只要店员学习完规定的专业知识，考试合格就可以评出相应的等级。难度逐级加大，内容逐渐增多，每年考评一次，动态评级。

二是把药店销售的新品与核心产品线上进行专业培训和考试，借助供应商专业的培训师队伍，在线组织直播、录播，或者让他们把产品知识和销售技巧拍成短视频，进行线上培训。

5. 会员管理在线化

首先是做好电子会员卡，建立好企业微信会员管理系统，创建自己的私域流量池。药店可以根据疾病分类建立专业会员服务微信群，群内进行相关疾病防治知识的视频、直播讲座，与病友分享。

会员细分后，可以定期组织直播，通过线上触达，线下组织活动。

当前，会员在线化管理的难点在于管理活跃社群内的会员。比如，策划一些中老年会员群体感兴趣的活动，举办一些健康知识讲座，免费检测，免费义诊，免费送小礼物等，让患者积极参与。

针对部分优质会员的在线管理，可引进或者使用类似医院的

HIS 系统，结合自己的 CRM 系统，对客户进行分类管理。不同类型的客户对药店的价值是不一样的，药店应该将 HIS 系统与 CRM 系统打通对接，通过收集、统计客户的基本情况，包括姓名、地址、职业、健康状况、所患疾病、治疗状况、经济条件等，分析病人到药店就诊的次数、频率、每次用药情况、病情变化、医疗消费习惯、个人偏好等，统计病人在接受医疗服务中遇到的问题，以及他们对药店的意见和建议，建立不同标识的客户细分群体，把高值顾客群体筛选出来，以便进行更有价值的精准服务，策划精准营销，推出一对一的个性化服务，拓展新的市场需求。

会员在线管理还有一个重要的职能是在线自动触达：使用目前最新的私域流量销售管理系统，就可以实现自动多重信息触达会员，大大提高了信息触达的效率。

（吴泉坤、王佰里、孙景成参与讨论修改，对本文亦有贡献）

直播短视频推进医药互动

王　彤　田晓锋

创业者就是通过自己的想象、设计和组织能力，去把可能被用户需求的事情变成现实的事。

——圆心科技董事长兼CEO何涛

随着移动终端的普及及网络的提速，短视频以短平快的大流量传播方式快速获得各大平台和资本的青睐，众多直播软件开始接入短视频的功能。同时，一些以短视频为主发展起来的App也加入了直播功能，“短视频＋直播”的模式已经也成为新的发展趋势。

直播短视频这一目前最具人气的互联网营销工具，零售药店可以很好地加以研究利用，使之成为推动医院处方流转到药店的重要推手，加强“医生处方、药师审方”的新型医药互动，突出院外药房（包括零售药店）药师的地位和价值，更好地服务患者。

医药行业市场直播短视频营销概况

众所周知，在互联网自媒体时代，短视频和直播成为各类商家平台竞相使用的手段和工具，传统电商领域也对直播青睐有加，淘宝、拼多多、京东等直播带货的成交份额越来越高，搜索的信息形式也由早前的图文变成了短视频，受众用户也越来越习惯于在直播、短视频等内容载体上下单购物。

中国网民已经突破 10 亿，其中，看短视频、直播的用户有 8 亿。健康科普和教育内容在短视频领域中突飞猛进，民众健康意识提升。数据显示，医药电商在线零售目前在全医药行业销售中所占比例已超过 11%，并以同比 20%的增速增长，线上流量的聚集势必会对线下零售产生致命的挤压和影响。

与此同时，我们也看到了医生“达人”雨后春笋般发展，变现能力也十分突出，健康科普教育在短视频赛道中非常亮眼，得到了平台的流量支持和推广。

药店需要不断发展，更快、更精准地触达消费者，这其中的每一个参与者——药店、店员、消费者之间的“人、货、场”关系都经历了变革，呈现出新的式样。

2019 年，多地的非药品类不仅不能纳入医保，还遭到史上最严的下架政策，这时非药品线上销售迎来利好。微信、抖音、快手等平台上的直播模式满足了消费者“立刻、马上”消费的欲望，整个购物过程无延时。消费者从看到主播宣传产品到产生购买欲望，再到点开链接下单购买，整个过程在几分钟内完成。

相比传统零售药店的“人、货、场”模式，直播购物模式发生了本质的变化。“人”由传统消费者和店员变成了观看直播的“粉丝”和主播。以前的“货”指的是消费者购买的商品，而在如今的“粉丝”经济下，“粉丝”打赏主播，主播本身言行举止的价值具有“货”的属性。“场”的作用变得越来越薄弱，不再局限于实体门店，一个购买链接即可替代。现时药店场景和网络世界已经不存在边界，随时随地相互还原。

这些行业新现象或新型营销模式都在传递一个新信息：药店早已经不是那个服务半径一公里的传统药店，开启了线上线下相结合、打开全渠道的新零售时代。

那么连锁药店做短视频和直播的意义有哪些呢？

(1)展示企业正面形象，建立群众信任，让用户更深层次地了解连锁品牌。客户选定某个医药品牌，除了追求产品质量和服务水平，更加看重企业所传播的文化。

(2)大数据时代，流量为王，站在短视频的风口，自然可以截取大量流量，拓宽医药的销售渠道，助力门店及线上的销售。

(3)短视频本身拥有庞大的用户基础，短视频拥有易传播的特性，通过个人之间的分享，可以使更多人了解品牌，提高品牌知名度，降低企业运营成本。

(4)短视频作为企业与社会沟通的窗口，不但可以推广产品，展示企业文化，也能更好地与社会产生联系，及时地收到社会对企业的反馈，了解企业在群众之中的形象，有助于企业的发展及风险的规避。

由此可见，当下的零售药店，在消费者、员工和药店的互相成就之下，必定大有可为！

互联网患教与自媒体营销相得益彰

说到健康教育，以及大健康领域的产品带货，就不得不说一个典型现象:疫情之下的转折点。

2020 年年初，央视新闻联合抖音发起“白衣天使加油”活动，新闻联播主持人、明星、警察、消防员及每一个普通人纷纷通过视频表达对医护人员的爱与感谢，大量用户参与活动传递感激，视频被播放 162 亿次。

这时候，医生 IP 流量急剧升温，各大平台向健康科普敞开大门，但管控政策也接踵而至。

我们再来看一下，抖音对健康科普方面政策调整的历程：

疫情开始——用户开始关注自身健康。

患教传播——健康科普知识爆发。

“达人”入驻——主播暴涨，三甲医院在职医生可以认证“黄 V”。

集中变现——广告、带货、导诊等方式带来潜在风险。

控制流量——未认证“黄 V”作者流量限制，不合规作品限制传播。

规范传播——抖音人工审核健康科普，副主任医师以上才能认证“黄 V”。

合理变现——带货限流，直播限流，禁止导诊。

我们可以看到，医生在做患教的时候，被限制了很多，虽然可以有效传播知识，但是不能随意变现，需要在合理合规情况下才能进行变现。

在平安医生、春雨医生、好大夫、妙手医生、微医等互联网医疗平台上，可以通过在线问诊以及开处方等方式进行变现，这就好比是医生版本的“滴滴”，利用业余时间进行合理、合规变现。

2021 年 4 月，一场由丁香园与思齐联合举办的 OTC 品牌营销线上直播——精准洞察力品牌营销 Dclub 让数千医药人集体沸腾了。

本场直播在线观看数达到 9000＋，点赞、评论的热情让整个直播间话题不断，更有用户激动留言：“很好的解读和直播，建议增加时长，增加频率！”“终于做 OTC 内容了！”“求幻灯、求回放！”

究竟是一场怎样的直播，让人如此激动不已呢？

本次直播从精准洞察的角度出发，由丁香医生数据研究院资深商业分析师刘梦琪围绕“OTC 行业挖掘——皮肤外用药市场研究”进行了“干货”分享。

从用户端的视角，报告基于“皮肤困扰与应对方式”“信息渠道”“疾病、用药认知”“药品购买渠道”4个维度分别拆解了用户对皮肤困扰的整体解决路径。

报告分享之后，丁香园数字营销药企端方案策划师王宇华给大家分享了三个丁香园亲自操刀的经典数字营销实战案例。其中，直播间分享了一个特别有趣的案例——具有强医学底色的专业护肤品牌修丽可。

丁香医生搭建了B2D2C的医众一体化场景，将医生作为专业消费者，把他们的反馈层层扩散至C端，以达到突破圈层的目的，传递品牌理念。

D端：通过品牌课堂“抗老专家说”，提升医生皮肤领域学术能力，并借助“直播专家证言海报”进行两端联动，延展内容进行二次传播，进一步影响C端用户，突破圈层。

C端：拉近大众距离，以漫画趣味科普、抗衰老成分教育、场景化视频等多种形式，通过丁香医生、丁香生活研究所、抖音、微博等多种渠道广泛触达各类目标群体，以通俗有趣的方式塑造品牌专业抗衰老形象。

最终，在用户端呈现出来的就是一系列亲切易读的内容，如趣味短视频、漫画故事。在“引发医生共情”“目标人群的精准触达”“话题垂直教育＋目标人群转化”三方面均获得了良好的数据反馈，此项目成功实现了科普—背书—引流电商的完整闭环。

医药互动：互联网医疗和药店专业化发展的触点

前面主要叙述了医生在短视频平台中所扮演的角色。事实上，无论在线上还是在线下，医生最应该活跃的环节就是——医药互动！

这里的医药互动，我们可以这样定义：权威医疗机构人员(包括医生、护士、药师等)在合规互联网平台，通过图文、短视频、直播等形式传播专业知识和服务技能，以此链接服务于用户的刚性需求，从而有效促进药品渠道以及药品领域的销售和复购。

不难发现，很多连锁都在做一种直播形式：医生在线义诊科普。某个病种或科室的“大咖”医生，在线为患者们解答疑难杂症，很明显有三大好处：

(1)加强了专业背书：医生的参与，无疑提升了品牌的专业性。

(2)汇聚了流量：刚需性服务，也是高效服务。

(3)变现前置：在专业服务能力下，产品进入带货会更加自然，由药店药师承接也会更加方便。

所以，医生与药师的结合会产生很大的影响力，也必然是未来自媒体营销的核心走向。为什么这么说呢？接下来我们一一解答。

(1)在自媒体时代，传统的药品行业要转型，要有一个大格局心态。之所以这样讲，是因为我们提出一个观点：传播之前树立人格化，传播之后树立品牌化。

人格化可以理解为所谓的代言人、“人设”、IP 等，是一个真实的人物形象，他的整个“人设”所驱动的就是产品属性，目的就是吸“粉”卖货。

当产品或者渠道达到一定的市场份额以后，产品的品牌属性也自然会建立起来，比如元气森林案例。什么是品牌？买你的人多了，自然就成了品牌，从而占领用户的心智。

比如连锁药店培养孵化网红药师，就是一个医药零售行业着眼于垂领直播未来的集体大动作。从 2021 年上半年开始，中国医药物资协会研究院和重庆中盟医药就在各地龙头

> 连锁药店中，率先发起网红药师/门店的评选大赛。此次大赛旨在通过药学服务场景的多样化展示，推动执业药师掌握互联网沟通工具，扩大社交范围，满足顾客会员线上线下的专业服务需求。只有让药师们首先有一个人格化的自己，并且还能通过自媒体表现表达自己，才能为患者推荐好产品，更好地为患者健康服务。

(2)医生、护理师、药师、健康管理师等专业人士是直播短视频推动医药互动的核心。

在医生直播领域，虽然直播需要医生投入的时间更多，但对医生而言，直播的操作门槛相对较低。随着好大夫在线、百度健康等专业互联网医疗平台也开通直播功能，有更多医生通过直播来进行科普教育。

好大夫、春雨医生、微医等在线问诊平台，就像是一个个自由接单的“滴滴”，在做分诊的同时，自然也增加了医生的合理收入。

(3)医生一方面自带流量，另一方面也是天然的内容输出知识库。

用他们的专业知识和技能，将会在以下几个方面发挥作用：

①短视频科普，吸收精准用户。

②直播传播专业知识，义诊形式下，获得用户支持(大型线上义诊讲座现场)。

③专业驱动激活药业私域(连锁药店的会员、线上药店用户等)，在专科服务方面进行高效转化。

④联合服务，虚拟医疗中的“DTP”，增强用户黏性，维护高净值和高客单价用户。

在医药互动过程中，药师的专业形象尚待提升，背书也相对不足，如果可以借助医生的背书和服务，医药结合，医药互动，在现阶段一定能够增强药店药师自身的服务能力，同时通过专业服务促进产品变现，这必然给药店带来新的销售增长，丰富医药学服务场景。

药店直播短视频推动医药互动的几种方式

现阶段，我们把零售药店可以通过直播短视频来推动医药互动的方式归总如下：

(1)引进医生科普患教，运作好自媒体，树立药店专业品牌形象。

①疾病防治(专科或病种)科普患教。目前，这种由厂家或供应商邀请医生面向社会公众的科普患教形式比较常见。如果厂家与药店有合作关系，这类患教也经常会引入药店，一是给原有会员患者提供相关疾病防治知识，二是把关注该医生或疾病的患者引转到药店购药，从而争取成为药店会员，扩充其私域流量。

在妙手医生平台上，也有执业药师通过直播短视频来引流患者、促进销售的案例。执业药师从专业角度，就患者用户最关心的疗效、用药安全问题，为神度产品进行特定的内容营销，累计自媒体矩阵播放量突破 1000 万，3 个月时间，神度产品在电商平台上的销售提升 10 倍。

②运作好自媒体，树立药店专业品牌形象。药店利用自媒体传播健康科普教育，填补了政府公卫健康教育的空白。西安怡康就是这样一个企业，积极参与政府公益项目，配合公卫宣导健康知识，利用药店布局网点多的优势，带动县乡人民通过寓教于乐的视频学习健康知识。

西安怡康富阎分公司走出了“本土化”科普教育之路，而慧眼独具、亲自实践的就是总经理易西璇女士。

富阎分公司自筹自媒体室，自己制作，一次一次尝试创新，从自主选题，到策划文案、编辑台词、布置场景、挑选演员、现场录播、剪辑制作、平台推广、传播反馈等，走出了符合临潼本地人喜闻乐见的传播类节目。

在自我创造和自我革新、自我发展的基础上，西安怡康总结了在自媒体传播方面的一些心得：

(1)事件传播。利用新疆棉花事件，站在普通百姓视角说出了国人心声。

(2)节日庆典。站在陕西古文化遗迹上，唱响了民族自豪感。每逢大庆，我辈担当，一首歌，一个唱响，唱出了普通人的爱国情怀。

(3)公益科普。心系百姓健康福祉,从点滴做起,提升自身健康意识。从女性关怀开始,从小病症开始。

(4)国粹传承。弘扬传统文化,唱响主旋律。以临潼古文化遗迹华清池为背景,青竹绿水,亭台楼榭,仲夏端午安康,元宵夜未央。

(5)产地直播。深入中药道地,田间地头,手剖泥土,耳闻目睹,体验农家生活,向顾客报告原料质量和加工流程,让顾客牢记:放心药,好药材。

(6)卫视合作。本土化卫视搭台助力疫情企业发展，工业参与，健康为本，供零合作。

(7)网红协作。网红自带流量，传播范围广泛，一颦一笑深入百姓心中，利用网红传播企业形象，积极扩大年轻社群关注度。

(8)政策宣导。利用自媒体传播途径，针对政府新政策，贴近百姓，家长里短说出政府心声。

(9)BOSS 直播。经营者亲自上阵,营采商不分你我,站在传播端口,亲自讲出对顾客的服务承诺,表达了“我是谁,我为谁”的期望。

(2)药店经营在线化进程中,药店药师通过直播短视频科普或再现药学服务场景提高社会认同感,通过在线审方提升自身价值。

2021 年 11 月 9 日,杭州九洲大药房连锁有限公司(以下简称“九洲大药房”)2021 年度“百日大会战”正式启动。与以往不同的是，这场特别的“会战”是以线上直播形式进行的，九洲大药房旗下 140 多家药店、1000 余家供应商、总部集结成五大战队全数参与互动。

活动负责人丁马历介绍，“百日大会战”是九洲大药房年末收官之战。因疫情影响，2021 年度“百日大会战”暨供应商答谢会线下活动突遭搁浅，为了不影响团队的士气和信心，也希望能更好地发挥企业在疫情防控中的先锋模范作用，九洲(中国)医药股份有限公司总裁率先提出线上直播的设想，带领全体九洲人克服万难，自 11 月 5 日开始为期 4 天日夜筹备，开创性地创新，使活动在疫情下也得以顺利开展。

此次直播上线仅一个半小时，却收获了 10.6 万人气值。直播中，九洲大药房各战区士气饱满，一一进行团队展示，并与直播现场连麦互动。此外，公司还积极鼓励各区药店集思广益，自行创新，呈现各自独特的形象视频，评选“最佳创意团队奖”“最佳人气团队奖”等，店员们踊跃参与，直播间一时间热闹非凡。

另外，九洲大药房还联合品牌工业企业组成战队，在直播间开创性地举办线上线下融合式颁奖典礼，将位于杭州本地的品牌工业代表分时段邀请至线下会场颁奖，在线上与工业总部代表隔空连麦互动，既解决因疫情造成的人员无法集聚的问题，也令营销活动完美落地。

九洲(中国)医药股份有限公司总裁、九洲大药房董事长齐丽感慨道：“紧急的事情紧急做，通过短短四天的紧张筹备，我看到九洲人碰到困难迎难而上，对变化快速反应，各部门拧成一股绳的紧密合作精神，在药店经营充满变化和挑战的今天，这场跨界演绎，让我对未来充满信心。”

从民众健康安全考虑，杭州九洲大药房积极响应政府号召，减少人群聚集，创造性地将年度营销大会转移至线上开展，时刻以人民生命健康为中心，与时俱进，充满创新。这皆是杭州九洲大药房在坚守中求变、勇于直面挑战的结果。齐丽认为，现今行业正在面对充满变化的市场环境与政策环境，医保政策将愈加严格，疫情反复带来突发状况增多，连锁药企需要大胆创新适应变化，迎接挑战。

直播并不是药店人擅长的事情，原定于线下活动搬到线上仅作为闭门会议内部人士参与，但在 11 月 8 日直播前一天，齐丽和她的团队决定要公开直播，直面挑战。九洲全体员工在面对新事物时并不了解，从不懂到边学边做，最终呈现了一场精彩的直播。作为杭州市本地老牌药店，九洲大药房时刻焕发新的生命力与活力。齐丽说："一个公司要保持年轻在于不断自我改变，尤其在心态上要积极拥抱改变。"

九洲大药房"百日大会战"仪式上线直播收获了重庆中盟吴均福总经理盛赞，其表示："九洲大药房应对疫情采取的直播方式，形式创新，既避免人群聚集可能带来的传染风险，切实把人民群众生命安全和身体健康放在第一位，同时也给行业带来了新的启示，药店经营在线化不是一个口号，完全可以落地执行，九洲创新出了一个典型案例。"

可以预见，杭州九州大药房将会为其网红药师、网红门店的批量涌现开启一道大门。

①药店药师（含健康管理师、营养师、美容师、护理师等）个人直播。

药店要真正做好直播，管理好社群和自己的私域流量，药店药师（含健康管理师、营养师、美容师、护理师等）这种能够长期提供知识内容的专业人才，才是这个新领域的主力骨干。医药互动，本质上也是医院医生与药店药师的互动。所以，让药店药师掌握包括直播在内的互联网沟通传播工具，鼓励其参与直播，成为主播甚至网红，是药店在互联网＋大健康时代推动医药互动的重要前提，也是人才涌现的基本途径。

下面是现阶段药店网红药师脱颖而出的两个真实案例，供大家学习借鉴。

我叫王桥通，来自福建龙岩，从事医药行业10年了。自从经营药店以后发现经常一些消费者对药店行业有偏见，一提到药店就是暴利的、黑心的、唯利是图的，互联网上还经常出现类似“古时候的药店门口会挂着但愿世上无疾苦，宁愿架上药上尘；现在的药店满38元送20个鸡蛋”，来嘲讽、抹黑我们药店行业。作为一名药店人、一名执业药师，感觉挺憋屈的。会出现这样的情形，一方面是因为我们不少药店在过去有很长一段时间过度营销，甚至出现虚假营销。另一方面也是因为我们药店人没有及时主动站出来进行必要的正言。

为了能够给自己药店正名，化解消费者对我们的误会和偏见，我从最开始在朋友圈、会员群做健康科普，再到公众号、抖音、一点资讯，现在主要用视频号。过去几年，我们在各个平台积累了好几万的“粉丝”，也添加了一万多的微信好友，其中到店消费顾客微信添加了2000人左右，让自己的顾客圈、自媒体平台的“粉丝”知道王药师的药店并不像网上说的药店那样，而是专业的、靠谱的、可信任的。

我自己的药店过去六七年几乎没有做过什么线下促销活动，更多的就是在创作健康养生知识，通过实用的内容而不是非专业的过度营销来吸引顾客，服务顾客。学着经营一些顾客的健康生活方式，让自己获得了大部分顾客，尤其是添加我们药店微信的顾客的信任和支持，几乎每天都会有人在微信上向我们咨询健康问题，也会向我们预定一些商品。

未来，我不仅想继续做好药店自媒体，还想呼吁更多药店人主动站出来做好自媒体，为我们大众科普科学的、实用的医药健康养生知识，一起为大众的健康保驾护航，也为我们药店行业正言。

我叫高燕，来自浙江海宁。我从事医药医疗行业有18年了，有自己的药店和门诊，经历了药品行业初期的政策红利，也看到了药品行业随着市场、政策的不断变化而白热化竞争，更体验到在当下互联网时代电商平台给药品行业带来的危机和冲击。

我的门店是在2003年成立的。在没有接触电商平台前，实体门店经营圈只能在方圆3公里，药店每天固定时间开门、关门营业，一年365天等着用户上门消费，哪怕疫情也不关门。即使这样，我慢慢地发现，用户的购买习惯在发生着变化：以前我总很骄傲地认为，用户购买药品都是在实体门店中消费，对网上购药或购保健类存在着不信任的意识。但后来发现自己的认识错了，各大平台的药品和健康类产品销售数据每年递增——这深深地触痛到我了。我开始思考，如果再不利用互联网工具，自己的门店将最终被这时代所淘汰。

2021年3月，我鼓起勇气开启了视频号，拍起了短视频，做起了直播，到11月我已经完成248场直播，累计“粉丝”约13000人，给门店新增了业绩。

作为一个传统药店药师，以前我从未接触过互联网，更没有接触过直播。刚开始时没有方法，没有思维方式，更没有方向，我就不断地学习。我要用知识来武装自己。我相信互联网平台你不去用就和你无关，你用好了，就能带来成长和收获。

这几个月以来，我收获了来自全球的"粉丝"，有意大利米兰的，有香港的，有温哥华的，同时我自己变得越来越自信，越来越专业。我觉得我能把健康的生活方式和健康的理念传播给更多的人，帮助他们获得健康和幸福，这是我最大的成就。

每当听到"粉丝"们亲切地叫我"高老师"时，我内心非常激动，我觉得只要得到"粉丝"的信任和认可，我就有坚持和走下去的动力，我会持续结合线下实体门店，把健康观念普及更多的人。同时，也希望能链接到更多医药界的优秀前辈们，一起交流分享，也欢迎更多同行和药企朋友进行更多的互动，用自己微薄的力量帮助更多的人。

②强化药师专业（考证）审方、在线药学服务能力，政府规范引导。

药店执业药师考证（简称执考）这些年给零售药店专业化转型提供了合格的人才保障。疫情期间，执考也开始更多地引入直播网课、视频辅导等线上培训方式，金英杰、润德、鸭题库、捉药师等考证辅导机构也都加大力量投入线上医药教育的新赛道。譬如捉药师，为全力拓展全科药师（与全科医生相对应）板块，除了设立直播间开展常规教学之外，还通过制作情景剧、现场模拟、案例研讨等新式教育形式与学员在线上（包括微信群）保持高黏度的及时互动交流，取得较好的效果。如何强化药店药师在线审方能力，与医生、患者进行畅通、及时、专业的沟通，履行执业药师面向社会公众宣讲合理用药、慢病预防、健康科普等专业职能，仍然需要零售药店企业及其执业药师、药学培训机构、医药零售平台等共同努力，通过市场的力量展现执业药师的职业担当和社会责任。当然，政府相关部门的引导和规范现阶段必不可少，非常重要。

2021 年 1 月和 8 月，湖北卫健委和药监局分别印发《湖北省互联网医院药学服务管理办法(试行)》《湖北省社会药房互联网药学服务管理规定(征求意见稿)》及其配套文件。在这些政府政策文件里，对零售平台和药师在线审方流程、职责、范围等做了清晰的规定和要求，特别提到药师要在用药教育、药学科普、社区患教等方面开展工作。湖北省药监局的规定还明确提出，为患者提供线上线下(O2O)药事服务支持；远程审方系统能通过视频和音频实现实时在线用药咨询、用药指导等药学服务；鼓励社会药房通过开设微信公众号、患者客户端，方便患者查询处方信息、药品用法用量、注意事项等。

我们相信，湖北省开了一个好头，其他各省都会陆陆续续出台鼓励药店药师利用互联网工具多方面服务患者的相关文件，政府规范搭台、药店药师唱戏的医药互动新局面、新场景，一定会加快形成。

(3)积极联动(医药电商、互联网医疗)平台，发挥药师作用。

"乳腺癌大讲堂"搭建在国内领先的互联网医院平台——好大夫在线。在"乳腺癌大讲堂"，从 2021 年 5 月至今，邀请了全国各大三甲医院的专家，开展了 71 场直播科普(截止到 9 月 28 日)。"乳腺癌大讲堂"让众多乳腺癌患者获得了权威的科普知识，超过 50 万人次看过相关科普直播，超过 7000 名乳腺癌患者成为"乳腺癌大讲堂"的"粉丝"。鉴于直播的互动性特点，在直播过程中，患者也非常珍惜与专家的交流机会。每场直播过程中，众多患者纷纷与专家进行互动咨询。通过在"乳腺癌大讲堂"的直播科普，专家也提升了自身在患者中的影响力。

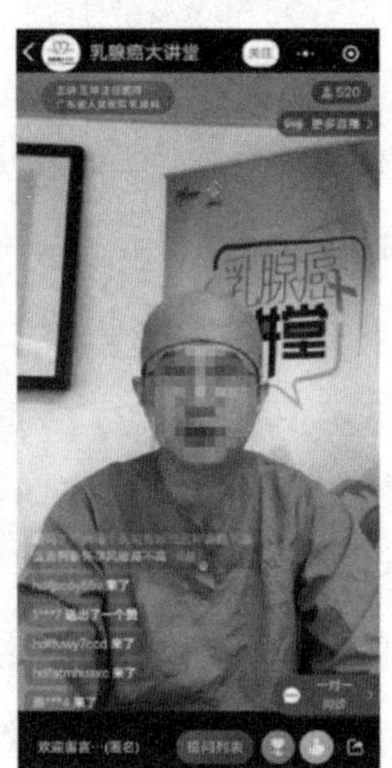

医药电商平台、寻医问诊平台、健康教育平台等十分活跃，它们的受众广泛，影响面大，社群传播力度和实效也非一般企业所能比拟。药店药师可有效利用包括直播短视频在内的互联网营销工具，面向社会公众或特定人群，开展各种各样的健康教育、科普宣传、用药安全等活动，服务健康中国，服务患者和顾客，展现新时期药店药师的精神风貌和专业技能，在社会上真正树立零售药店执业药师的专业品牌形象。我们相信，这一天一定不会遥远。

药店私域流量池的入口

激活私域运营是医药互联网营销的终极归属。应该说，没有任何行业比医药行业更需要私域运营，短视频和直播只是流量的获取，真正的变现要从私域开始做起，这是一个长线运营动作，与前端流量“拉新”息息相关。

短视频和直播，严格来说应该是两种不同属性的信息传播形式，在不同的载体下，效用也各不相同。

与各类直播软件纷纷加入短视频功能不同，以短视频行业起家的巨头却纷纷在自己的软件中加入直播功能。究其原因，终究是“直播＋短视频”的模式更具有发展前景。直播突破短视频评论的限制，主播在线交流，互动性强；短视频内容题材更加丰富，用户的留存性更强。

直播和短视频两者互相弥补不足，相辅相成，能够给用户带来更好的使用体验，也给各大平台带来更多的流量。

但是，短视频、直播的未来价值也有几个隐忧。

第一，它们能够给用户带来什么——用户思维。

简单来说就是要站在用户的角度来思考问题，真正想要解决用户的真实问题。

垂直行业想要做短视频运营，想要成功吸引到“粉丝”，最重要的一点就是必须将专业的知识和用户的需求对应起来，把专业的内容“下放”到用户可以良好接受的水平。

用户并不想知道你有哪些特别厉害的证书，听不懂你说的各种晦涩难懂的医疗名词，他们只想知道你能不能帮他们解决当下的问题。所以第一个重点就是了解用户的需求，从用户的角度出发，看看你能提供给他们什么样的短视频内容。

第二，就是获取用户的信任——用户证言。

这也就是我们常说的用户好评。有利证言多了，自然更能得到长足的发展。医疗行业最大的雷区就是失去用户的信任，就像“3.15”曝光的那些虚假医疗广告一样，用户可能不太懂竞价，也不知道套路，他们唯一能感受到的是自己的利益受到了损失，从而对平台和机构失去信心。

一旦失去了用户的信任，等待你的，轻一点儿就是被封号，严重的就涉及犯罪了。

第三，医药互动也有自身的规定要求，特别是在互联网医药电商、直播短视频平台上，面临政府监管、行业规范、患者隐私保护以及医保、商保等方方面面的约束。

站在药店立场，当前的首要任务就是要在进一步提高执业药师的药学服务专业能力的同时，培养一批能够用好互联网工具的网络（红）药师，从而在院内处方加速流转院外（药房）的历史背景下，增强执业药师的在线审方能力，增加与医生、患者在互联网平台以及药店自己的私域流量池中的互动，进行专业药学服务的沟通、咨询、审核、指导，为全面落实患者全生命周期的健康教育、健康照护、健康管理而不懈努力。

（李卫民、曾小雪、鲁文革、梁德海、周康生、黎欣、刘玉平参与讨论修改，对本文亦有贡献）

药店供应链直播探究

王李珏　郑浩涛　陈磊明

直播将来会变成一个标配。

——奇虎360科技董事长周鸿祎

当医药产品或服务的最终形态呈现在消费者面前时，消费者基于安全、溯源甚至好奇的心理，或许很想了解它在各环节的成型过程和真实状态。如果能够亲眼看见，身临其境，岂不快哉？零售药店的顾客平时最多就能看见货架上的成品，对于产品供应链各环节的制成品过程大多不甚了解。现在，因为有了药店直播，顾客即使不到现场也能看见制成品的源头和未成型状态，这对于一些高品质、高价值、高附加值、高溯源性产品而言，具有极强的证实(伪)意义。如何根据药店顾客的特点，建立药店供应链直播体系，就是我们所要探讨的问题。

直播实现药店高效营销触达用户

随着互联网基础设施的不断完善及用户触媒习惯的转变，直播成为用户娱乐生活的重要内容形式。特别在疫情时期对于人员流动的管控，大众通过短视频和直播了解外界信息，各大短视频和直播平台用户异常活跃。

直播形式传递信息优势明显，不管从时间或空间维度上都具有以下优势：首先是实施成本低，只要能触碰互联网，具备摄影条件设备，即可开展直播。直播内容多元化，可以是某一领域的专业知识，也可以是百姓生活的某一个时刻。其次是达成效率高，突破时空的限制，观众不需要聚集在同一个场所也能触碰到直播，随时随地通过互联网方式进入直播场景。再次是信息量大，直播更易于内容的表达或产品展示，更加生动。最后是观众体验感受多，直播期间用户可参与互动，并与直播进行实时互动，亲身体验直播所表达的信息内容。

在医药行业零售领域中，直播逐步成为药店新零售主要的营销方式。当下药店的直播在公域和私域平台上开展，公域平台以主流电商平台如天猫、京东和拼多多等为主；私域平台则以药店的微信公众号为入口，用户来源于过往药店会员的积累，通过直播工具实现，如小鹅通、微赞等。私域平台上，通过直播的方式，一改过往药店采用传统的街边派单或短信通知营销活动的方式，更加高效触达用户，提高用户参加活动的积极性，实现直播带来的产品交易变现。

因医药行业特征的限制，药店直播需遵从行业属性规则，在医药直播开展中，处方药不能开展直播销售，除通过药物说明讲解及提供药事服务和疾病讲解外，用户购买仍然需要凭借问诊后的处方。但对非处方药，可以进行直播后提供用户购买路径；如果是大健康品种，如养生花茶、营养膳食补充剂等，可以直接进行直播并完成交易环节。

对新零售发展直播探索阶段的药店，由于实体门店分布的区域优势和服务人员的优势，可以组织营销，触达区域内的用户并为用户提供快速配送服务。但该服务需要供应链端的支持，特别是品牌药企端的支持，才能让该服务充分发挥价值。在跨行业中，品牌生产商与经销商直播合作成功的案例数不胜数，品牌生产商负责产品的生产与广告的市场投入，经销商负责产品的售前和售后服务，两者有机结合为终端消费者提供物美价廉的产品。这个过程中品牌生产商营销路径更加精准，同时节省很多中间流通环节产生的费用和无效广告的投入，经销商获得品牌生产商的支持，拥有大量的服务机会，从服务机会中获得利润。

零供合作共创直播新模式

零售药店要做好供应链直播，必须与供应链各环节的品牌供应商合作共创。

第一，零售药店承载经营沉淀的区域用户数据，并拥有触发信息通知用户的方式，可以是传统较低效的短信方式，也可以是高效的企业微信会员群等。

第二，拥有会员交互的平台，药店开展直播时消费者进入的入口普遍采用企业总部的微信公众号，该公众号具备 B2C＋O2O 服务的能力。直播预热前期，添加企业总部的微信公众号作为用户互动的入口。

第三，拥有敢于面对镜头的直播专业人才。由于行业属性的特征，并不需要零售药店必须配备非常专业的主播或网红人才，可利用零售药店里面的药师岗位人员，将药师岗位人员的专业能力和服务能力结合，培养敢于面对镜头开口说话的能力即可。直播环节中涉及药品专业知识可由品牌工业进行培训补充。

第四，总部活动策划。由总部与品牌工业沟通直播活动的策划与执行，整个活动涉及选品（秒杀品、团购品等）、宣传（含预热，开播等）、优惠活动方式（发福利）、门店直播引流、直播结束后二次触达等环节。

第五，活动复盘与复制。一个品牌工业的联合活动帮助零售药店打下活动基础，通过品牌工业的影响力，给零售药店带来更多的用户和区域会员活跃度。

基于以上工业与零售药店合作的基础流程，我们将对于医药行业案例进行剖析分享，涉及的案例均有自身特点，虽然实施方式不同，但最终结果都是实现品牌工业与零售药店共同推广，向患者提供服务。

案例一：特点是零售连锁药店发挥门店在职人员的优势，将直播用户入口设置在每个门店人员的拉动行动力上。直播预热前，门店员工进行直播预热，并通过直播预热拉人时发送优惠活动券，实现了直播活动的提前告知。在解决直播期间用户来源后，采用品牌工业驻点连锁总部开播的方式，由品牌工业提供专业的直播人员，连同零售药店连锁总部运营人员，实现连锁总部统筹直播，门店用户在直播间观看直播的同时产生购买欲望，利用优惠活动券在直播间内购买产品产生订单，产生的订单可由 C 端用户自行选择 B2C 配送方式，或是该用户由哪个线下门店拉动进入直播间，由该门店进行配货上门或到该门店进行提取。该方式解决了直播间观看人员的来源，借用了零售连锁门店的私域流量，而私域流量能否转化到直播间，取决于该连锁门店人员传播执行力和本次直播活动的产品，以及优惠力度。而品牌工业借用品牌直达零售用户终端的方式，使得产品传达更加高效，并且节省中间营销和费用成本，制药工业的营销投入与产出更精准，同时获得一次区域用户品牌推广和产品教育的机会。

案例二：特点是采用零售连锁门店人员随时随地直播的方式，直播用户与门店人员随时随地通过直播方式进行交流，在交流期间由门店人员将产品卖点、活动信息、优惠券等信息传递给直播间用户，实现订单的转化。该方式最大的特点在于直播无时无刻在进行，非零售总部统筹直播，可以提升直播的时间自由度和直播时长，同时需要连锁药店从上至下都非常重视直播，并且每家门店的人员都愿意参与直播，了解直播的意义，而该方式在当下连锁中应用较少，在大型连锁开展新零售探索中较为常见。该方式的操作方式是连锁总部与品牌工业沟通并制定产品营销活动方式，由连锁总部组织人员统一交由品牌工业进行培训，品牌工业通过提前设定的直播脚本，与产品知识相结合，对门店人员实施培训与考试检核，符合条件的则可开通个人直播间（该直播间架设在连锁对外的微信公众号上）。已开通个人直播间的门店人员可随时发起直播活动，通过个人直播间生成专属的直播预报海报（海报带有直播间入口），分享到个人微信朋友圈或日常经营过程中组建的“粉丝”用户群内。开播期间采用品牌工业培训的直播脚本和产品推荐，类似小社群的 KOL 方式，产生的订单由门店进行配送或到店提取。店员直播不受时间的约束，可以在门店人流较少的时间段直播，也可以在工作之余的其他时间段进行直播。该方式为连锁门店人员的工作带来改变，由过往的驻店等候客户进店方式向主动对外营销方式改变，提高连锁门店的产值和店员收入。

案例一和案例二是目前医药零售药店常用的直播方式，也是品牌工业与零售药店结合共创市场的方式，在案例一中可进行直播方式的升级。品牌工业向来拥有 KA 零售连锁，普遍为各区域的龙头连锁，采用区域龙头连锁引流，直播由品牌工业提供产品政策和直播人员，同时直播前投入新媒体广告，获得大量的用户人群；直播期间产生的订单分两种方式提供服务，由连锁引入直播间的用户订单交由引入连锁的门店提供服务，由品牌工业新媒体投入带来的用户成交订单，按用户所在区域分配指定连锁门店提供服务。在品牌工业的资源投放下，零售门店实现私域流量的价值深挖，通过服务获得销售的增长。

零售药店与品牌工业的直播内容不局限于药店场景，可以多元化体验。如某个药物是如何诞生出来的，从研发的历史背景，到生产、质检环节，再到包装上市全过程，零售药店既能帮助品牌工业走进千万百姓家，也能将产品更加生动地展现在用户面前，让用户有一种身临其境的感觉。比如，对弘扬中药文化的百年宏济堂，零售药店可选择一款明星产品如宏济堂阿胶，从生产原料选择到工艺特色，再到产品本身亮点介绍，透过产品功效延伸出多元化的食用方法，结合具体人群建议食疗方法。这样既完成了品牌工业在百姓心中的品牌形象塑造，也植入了产品信赖度，增加了零售总部的销售业绩。一家连锁直播涉及的基本环节流程如下：

直播前		
进程	事项	具体内容
1	开放直播间	
2	培训	线上/线下授课
		开播方法
		选品方法
		专业学科知识培训
3	宣传海报	
4	奖励政策	开播费(出场费)
		引流奖励
		成交奖励
		PK 奖励
5	选品确定	秒杀品
		主推品
6	促销手段	优惠券
		秒杀
		抽奖

开播		
进程	事项	具体内容
1	预热入场	海报推送
2	开播导航	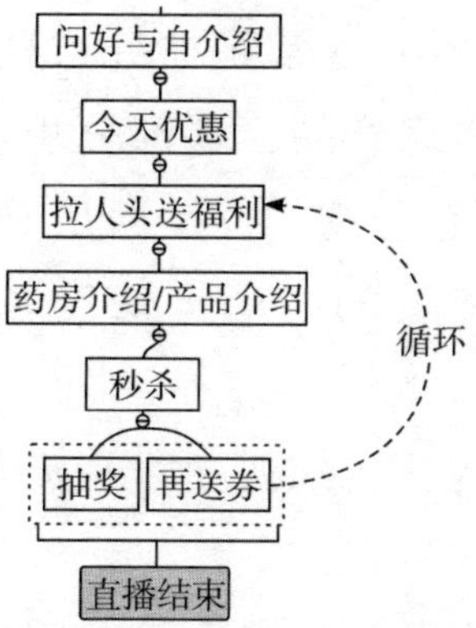 问好与自介绍 → 今天优惠 → 拉人头送福利 → 药房介绍/产品介绍 → 秒杀 → 抽奖 / 再送券（循环至拉人头送福利）→ 直播结束

开播后		
进程	事项	具体内容
1	数据可视化	访客人数（总访问量/独立访客数）
		直播时长
		订单数量
		销售金额
		成交转化率
2	发货	
3	二次成交	
4	准备下一次直播	

云仓稀冷缺供应链帮助药店直播用户转化及增强黏性

品牌工业的直播合作，给连锁带来了用户量，增加了用户活跃度，带来销售的增长。但药店私域用户的需求是多元化的，除了自我诊疗产品（通常是非处方药）和大健康产品外，更重要的是大量潜在的慢病产品。这部分患者由于疾病的特殊性，经常往返医院进行开药，药物的便捷满足成为零售药店留存慢病患者的利器，同时这类患者的购药忠诚度较高，并且长期服用同一种治疗方案用药。

零售药店如何通过提升服务，借助直播实现用户的转化及增强黏性呢？

首先要解决慢病患者用药方案的调配齐全度。慢病患者到店购买的并不是单一药品，而是一个治疗方案。一个治疗方案包含的药品齐全度非常重要，它决定治疗方案是否完整。假如一个用户在直播间中提及了某个药物，而零售门店和总部都没有该药物，那么这个用户将会流失。我们换个场景，假如一个用户在直播间同样提及了某个药物，虽然门店和总部没有，但是通过云仓能够提供药品，那么这个用户将会在直播间被转化成为门店的购买用户，并且长期购买。零售药店要如何实现云仓呢？通过门店储备和总部储备显然不现实的，因为慢病处方药接近两万种，一个门店储备药物的能力在3000～5000个品种，并且当下是无法预知每个患者的治疗方案的固定需求，总部储备面临上游工业是否拆零供应，储备药物是否滞销，库房面积和资金等多方面的问题。目前行业中提出零售药店云仓解决方案的有云药库，通过该平台可以实现零售药店稀冷缺药品的订购，满足药店用户的多元化需求。

其次要进行门店专业服务能力的形象塑造。在处方外流的大背景下，越来越多的患者选择互联网医疗进行复诊，在社区门店进行处方药品的购买。在云仓针对慢病、重症及罕见病的稀冷缺药品满足条件下，零售药店的药师定期开展"药学大讲堂"为患者提供疾病的讲解和日常护理，与处方药工业定期进行"名医师"在线患者健康科普，招募线下私域用户并预约到访直播间，线上直播间开展健康科普形成服务意向，到店进行咨询与服务体验，形成"医＋药"的特色服务。

"医＋药"服务在县域的零售药店应用效果非常明显，其中最典型的一个案例是在广东省粤东地区相对落后的县城，有一家本土化的连锁药店，拥有 20 多家门店。该县域连锁采用"医＋药"相结合的直播方式帮助当地患者解决"就医难，找药难"的难题，并形成县域零售药店经营特色，拥有大量的活跃老用户，同时该连锁采用本地电台进行广告投放（内容与"到大医院看病，回到某连锁配药，一站式配齐"相关），获得区域内用户的纷纷前往体验。它采用三种方式将自身服务对外传播：方式一是所有门店玻璃橱窗统一对外用海报宣传找药的服务能力；方式二是凡进店用户都会收到店员主动添加微信的邀请，添加成功将发送一张用户优惠券（该券指定直播期间购买产品时使用）；方式三则是采用本地电台进行传播，利用本地语言加深信任感，获得新用户到店。该连锁启用每逢周一、三、五门店执业药师在线直播服务，依靠前面三种触达用户的方式，大量用户在指定的时间内进入直播间，并与执业药师进行互动。执业药师为用户提供疾病讲解，在用药安全保障的同时，对于用户提出处方药购买需求，由执业药师提供互联网医疗问诊平台，对该用户在线进行复诊，形成电子处方后传递到该直播的执业药师进行直播间审核处方和调配药品，而在云仓供应链赋能下（如云药库服务能力），执业药师拥有齐全的药品调配库，能实现处方单的调配齐全，增加执业药师服务能力，提升用户的满意度。通过这个方式，该县域连锁每月实现销售额增长超过百万元，同时形成该连锁独特的经营能力。

道地食药材溯源是供应链直播的重要场景

在《"健康中国2030"规划纲要》中，国家举全社会之力普及中医药文化的决心，给中医药发展带来非常大的机会，让中医药进一步融入大众生活。纲要设立了"发挥中医药独特优势"专门篇章，更明确了中医药的重点任务，同时在全篇多处提及中医药，将其融入健康中国建设各方面。尤其提出在健康产业领域，健康服务业总规模将从2015—2020年的8万亿元，增加到2030年的16万亿元。

中药不仅能治疗疾病，更是中国传统文化的代表。中药起源中国，包括植物药、动物药、矿物药及部分化学、生物制品类药物。随着我国人民生活质量的提升，越来越多的普通百姓关注健康，注重健康，大众百姓通过中药材养生提升身体素质，防范疾病。中医文化博大精深，在中药材众多味药中，每味药材的品质包含有外观性状和内在质量。而如何借助中医药文化及中药养生服务药店的用户，透过养生将大健康品类形成用户的健康护理产品呢？药店与中药材厂家可进行道地食药材直播解说，将药材的选质、功效、服用方式等通过直播方式向用户进行讲解，比如苗乡三七、铁皮枫斗、东方红西洋参。

在不久前，东方红西洋参开展的"'参'入人心　寻根长白山"秋分特别直播，开播前通过电视大屏进行直播预热，加上专家养生知识科普，借助经视和专家的公信力对品牌进行背书。再加上记者深入长白山原产地与生产流程的展示，可打消观众对产品质量的担忧。结合年轻受众的需求，主持人与专家通过传统药材和年轻人的习惯解锁了新的养生"玩法"，如西洋参抗氧化的特性，其可应用于面膜。最后，通过直播间限时优惠营造一种抢购的氛围，刺激用户下单；线下连锁药房提供免费试饮活动，扩大用户受众面和参与度。该场直播在线观看人数突破 700 万，后续引导成交数千万元。

道地食药材溯源直播是药店供应链直播最重要的场景，这两年之所以特别“火”，特别受龙头连锁药店的欢迎，是因为它能通过产地现场溯源，全国各地消费者有身临其境的感觉，既满足了观众猎奇、探究的心理，又能维护高品质食药材（饮片）品牌在消费者心目中的地位。

在各种产品或服务的不同供应链环节中，能够把一般消费者难得一见的场景通过直播呈现出来，肯定是今后包括药店直播在内的垂领行业直播的新天地。

在消费环节，广大消费者能够通过直播间了解和看见产品制作过程、品质溯源、操作流程等，一定会争相抢购。

广州本地一家老牌零售连锁药店利用门店所处商圈的特征——周边多为在写字楼办公的年轻人群，该门店负责人大胆做了一个直播的尝试，巧妙地利用写字楼女性中午吃饭闲余时间，通过直播间观看门店药师分享燕窝的等级区分和挑选心得，同时推出多种搭配药材精制鲜炖燕窝，由直播间观看的用户在线订购，预约下午 3 点送达指定办公区位置，一份新鲜炖制的燕窝准时送达用户手中，而每份燕窝的制作配料均可由直播间的用户自行选配，提高用户的参与度。门店所配置的各种等级燕窝，以及炖制所提供的配材和炖制方法均由中药材厂家提供，并进行培训。该方式实现了新时期新用户新需求的激发与满足。

药店全链路、全场景、全天候数字化直播构想

从短视频“种草”，到直播沟通交流，最后到直播变现，医药行业正从图文状态向视频状态发展转变。医药零售业实践直播当下有两种类型：直播健康讲座和直播带货，前者负责宣传、“种草”，后者负责带货、销售，是药店做直播的基础方式。如果从全行业直播发展来看，药店应从全链路实践直播。药店全链路直播，是指在新零售时代药店以“消费者为中心”，从满足消费者的药品或健康需求出发，从产品供应端两方面链接联合直播：一方面联合产品工业生产企业开展，另一方面联合供应链集成服务的医药商业，提供稀冷缺产品服务。同时，药店具备横向链接多平台的能力，如公域平台天猫、京东或拼多多，或药店私域的微信商城和App，提供多元化直播内容。药店同时具备在线订单处理和送货上门的服务能力，包括B2C或O2O方式，在直播下满足消费者医疗互动和健康产品购买需求。受限药品与行业监管的特殊性，医疗与医药的直播场景需在法规指定的环境下开展，医药直播的全场景也具备多元化的表现方式。药店直播可探索的场景有：

场景一：在线医疗专家直播。由工业聘请的某医院专家在线与直播间用户互动，为消费者提供疾病讲解或复诊。

场景二：疾病讲解与健康科普互动。通过简单的自我检测方法，提升消费者在疾病预防、治疗和健康恢复上的认知。

场景三：药品生产与流通直播。走进工业制药生产车间，为产品用户呈现药物生产和检验场景，通过安全的运输方式送达消费者手上。

场景四：中药材种植与挑选直播。从中药的种植到采摘，再到选材入药全流程的直播，既增加中药直播销售的新颖点，又可促进消费者互动，增加消费黏度，比如“认领一棵人参”。

除此之外，药店直播还可围绕健康养生、安全用药指导和慢病康复指导等多元化的内容呈现。在药店直播领域上，全链路与全场景相互结合，相互促进。

在全链路与全场景服务过程中，药店的服务时长已突破传统药店营业时长，当下 O2O 大力发展过程中诞生了 24 小时药店。执业药师除了对门店用户提供服务外，还能通过直播的方式在线服务线上用户，并且是全场景的用户。随着系统的升级和数字化的发展，执业药师接入服务的方式越来越简单，甚至只需要一部手机就可在线随时服务每一位用户。

未来，药店比拼的是服务，服务上游供应商，服务消费者，服务质量和效率将是药店综合竞争力的体现，先从直播方式入手，构建全链路、全场景、全天候的服务。

（高元坤、张冬明、宋拥军、熊松、曹智刚参与讨论修改，对本文亦有贡献）

药店直播融入本地医药健康生活

蔡　刚　杨丽娟　邹康禄

> 我觉得幸福感的来源核心在于，我们在做资源分配的时候，在资源平等和效率之间，在效率和损失可以接受的情况下，自由和平等这两者可以往前排一排。
>
> ——快手科技创始人兼首席执行官宿华

当直播作为药店标配，当区域龙头连锁药店直播面向亿万观众、走进千家万户的时候，提前思考药店直播该如何融入本地医药健康生活，是一个具有相当诱惑力的命题！现在，我们又该如何完善药店直播体系，一步一步地切入依稀可见的未来呢？

药店直播常态化

直播带货有多火？第46次《中国互联网络发展状况统计报告》指出，截至2021年第一季度数据，我国电商直播用户已达4.13亿，其中电商直播场数超过1000万场，活跃主播数超过40万，观看人次超过500亿。据艾媒咨询数据，2019年中国直播电商行业总规模达4338亿元，2020年突破9610亿元，2021年达到万亿级市场规模，直播带货模式展现出迅猛发展势头。另据《2020网红医生的发展洞察报告》，仅在抖音、快手平台，医生个人号就达到了近3000个，总“粉丝”超6亿人。整体来看，直播领域正呈现流量不断爆发、“粉丝”渴求健康内容、医生“达人”发展迅猛等特征，医药直播带货有着巨大潜力可挖。

艾瑞咨询发布的《中国企业直播应用场景趋势研究报告》显示，在国内，企业直播兴起于2012年，2016年受企业服务市场整体发展趋势带动，得到爆发式增长。2017年到2018年出现明显回落，资本市场对企业直播态度趋于理性，但各细分赛道的领先厂商在商业化探索上愈发成熟。2019年，受在线教育和电商直播拉动，市场逆势上扬。2020年以来受新冠肺炎疫情影响，疫情加速场景线上化迁移，用户线上化教育顺利完成，用户对企业直播的认可度逐步提升，企业直播服务市场规模快速扩大。越来越多的企业积极尝试直播，推动应用渗透率持续增长，企业线上化进程加速，直播深度融入企业生产链路的各个环节中，成为企业对内沟通和对外营销的重要线上端口。

目前，包括药店在内的企业直播，为什么蜂拥而至？

第一，帮助企业降低成本，增加效益。

当前各行业企业直播应用渗透率正持续增长，企业直播将加速推动企业进入数字化转型快车道。2020年新冠肺炎疫情发生以来，越来越多的活动开始往线上迁移，企业直播服务由此迎来爆发。所谓企业直播，是指面向企业商务需求提供的部署在自己或技术提供商服务器上的网络直播服务，企业直播在推动企业生产经营活动价值提升、成本控制方面意义重大，能够帮助企业实现开源节流，并加速推动企业进入数字化转型快车道。

第二，建立企业私域流量。

疫情后，用户观看直播获取企业资讯的行为已经常态化，直播成为多数企业的业务标配，企业直播的崛起将成为2020年国内直播领域最重要的趋势之一。应用场景需求强劲，企业直播可以应用于各种业务场景中。目前，从企业直播典型应用场景来看，培训直播、私域营销、数字会展已成为当前三大主要应用场景。当前，企业直播第二个典型应用场景就是私域营销。私域直播营销是通过直播技术，为企业客户打造营销视频化、营销数字化和流量私域化的企业营销方式。随着技术提升和用户习惯的养成，企业私域营销中直播的应用能够将潜在需求变成刚需。"未来电商的核心是私域流量。"有赞联合创始人黄荣荣认为，商家将线上经营、线上服务、线上与消费者沟通的能力，融入全网各个渠道里，才是未来新零售的"基础建设"。

第三，企业品牌推广宣传。

直播不仅仅是商业模式创新的选择之一，在品牌传播、产品推广等与企业研产供销每个环节相关的信息传递中，直播都发挥着重要作用。在更为宽泛的市场领域，因为预期和销售结果之间的落差，直播这种形态也存在着太多的争议之处，用户流量的集中及市场转换，并没有想象中那么简单。与行业中竞争格局一样，二八法则存在于绝大多数领域，没有强大的产品、品牌、价格及落地配套能力，直播终归是形式上的一时浮华。未来，一定要树立自己的专业化标签，不断加强消费者对企业的认识，提高企业在他们心中的某领域产品的推荐信服力，让推荐值得信赖，把知识和交易有效结合，而不是把用户当"傻子"。现在的直播是 1.0 的阶段，建立在促销降价打折基础上，而直播 2.0 时代，必须有两种专业人士进入，一种是广告人，另一种是电视人，他们会把直播做成不一样的形态，即说故事的形式。企业通过品牌打造拿到消费者内心的入场券，再通过内容跟进，成功完成"种草"。直播不仅要带货也应该带品牌，如果缺少品牌，消费者只是冲着价格来，很难让销售持续下去，因为卖出只是产品的终点，而不是品牌的终点，这就是为什么那些大的品牌在直播带货这一块做得比较谨慎，对它们而言，比起品牌建立，快速出货不是它们核心诉求。

第四，企业数字化转型。

在疫情影响下，众多线下难以开展的会议活动纷纷使用企业直播服务。随着各行业客户对这一新形式的接纳度上升，以及企业直播服务商在技术和服务方面的提升，数字会展的细分应用场景将愈发多元，直播在这一场景中的价值也将得到放大。业内人士指出，数字会展不仅是当前面对疫情的破局之举，也是技术发展的数字化转型必经之路。通常基于企业业务应用场景、数据资源对接，以及视频互动创新等集成诉求，提供相关的直播 SaaS、PaaS 等软件服务以及多种增值服务，目前国内企业数字化转型迫在眉睫。

第五，企业营销模式创新。

直播带货这种模式逐步被消费者接受，对零售药店来说多了一个品牌、商品、服务触达的渠道和方式。直播带货也是一种低成本、高效率的营销模式，它打破了原有销售环节的层层壁垒，让连锁与厂家、经销商的联系更紧密；直播带货也为消费者普及了更多健康知识，丰富了福利政策。目前很多连锁药店正在加紧对直播带货的相关布局，与此同时尚处观望状态的也不在少数。那么，基于自身发展角度，广大药店是否有必要紧跟潮流，展开直播带货布局？对于这个问题，长沙湘麓医药学校校长易军，在西鼎会上便明确表达了自己的观点。在他看来，当前药店一定要融入两种新营销模式中，其中一种就是直播带货。直播带货是药店商业模式的一种突变，如不融入其中，一定会丢失很多市场。

让直播常态化，需要固定的节奏以及有效产出内容。这对内容设计、主播导播能力、品牌合作、底层系统等要求都非常高，电商直播行业会逐渐变成一个生态，越做越好，直播本身就是建立在电商上面的一种新的销售模式，信息时代让群众购物更加方便，未来的市场带货直播应该成为一个常态化的形式。真正需要在意的应该是供应链管理，只有产品靠谱主播才有信心带货，当直播越来越接近常态的时候，老百姓更加在意的是产品，而不是主播本人。企业直播一定不要把网红或明星带货和直播带货混为一谈，前者更强调个人的魅力，而后者才是常态化的营销手段，就像每个店铺都有导购，直播的存在就是在线上重新聘请一个专业的导购，做的是细水长流的生意。

直播的兴起及其成为行业的一种常态化现象，将拓宽商业模式创新的视野，而直播给企业带来的不仅仅是品牌形象的提升和产品流通的扩散，也不仅仅是销售数据的快速提高，直播在给企业提供一条全新的商业路径的同时，更为整个产业在新零售模式的打造提供助力。直播实现常态化，需要有固定的节奏以及有效的内容产出，需要根据季节变化、顾客需求和节庆等设置不同的主题，从技术、平台、模式方面进行创新，直播带货对于增加药店销售、客流转化、品牌积淀等都有着积极意义。直播的直观性、互动性，使其可以成为定期、定时与消费者、“粉丝”互动的纽带，成为企业标配。直播卖药、线上营销是否能够成为药企营销的下一个风口，让我们拭目以待。

成为本地居民健康生活入口

作为群众喜闻乐见的传播工具，直播在人际沟通、传播传递价值信息方面的作用越来越大，也越来越被社会各界广泛接受。主要原因有以下几点：

第一，互联网经济的发展改变了居民的健康生活方式。

伴随着互联网通信技术的不断发展，百姓获取信息的方式已从传统的电视媒体、线下广告媒体逐渐转向多元化，众多新媒体平台已经成为当今主流流量阵地，单向的信息传递模式已经无法满足百姓的信息需求，信任感和互动感逐渐成为百姓消费行为的主导因素。

第二，以区域健康为主题的直播带货成为居民获取健康信息的关键入口，逐渐在唤醒人们的健康消费意识。

从 2005 年，政策允许网上药品交易(非处方药)，到如今“互联网+”药品的商业模式已经逐步发展至成熟阶段(主要演变为四种:O2O、B2B、B2C、处方流转)，商业模式的成熟与市场的迅速发展随之带来的是对传统销售路径的挑战。借助主流媒体平台建立医药企业品牌和产品的流量阵地将成为“兵家必争之地”，抖音、快手、拼多多、淘宝等健康主题的带货直播与区域连锁直播联动的成熟，唤起了人们的健康消费欲望，社区居民对健康投资消费的意识逐渐加强，成为区域居民获取健康信息和健康产品的重要渠道，其增速迅猛，未来可期!

但是，居民获取健康信息的入口应遵循健康产品的本质，不可过度“美化包装”。互联网医疗热潮来临，医疗健康从业人员缺少应用技能与应对措施，对于新趋势、新“玩法”了解甚少，对于如何借助新兴媒体传递品牌及产品信息方式认知缺失，在直播中出现过度美化产品、夸大疗效、掩盖禁忌证等不良直播行为，对未来健康直播平台的规范提出了新的要求。夸夸其谈的爆款健康产品看似是自我营销意识的创新，实则是对未来信誉的透支，“出来混的早晚是要还的”。

第三，让那些产品力、学术力、品牌力更强的健康产品更多出现在居民获取健康信息的入口。

促进医疗与 5G、大数据、人工智能的加速融合，开发更多互联网健康入口场景，为人们的健康生活提供更多便利。从行业从业者层面来看，要不断加强医疗新知识学习，不断丰富实践经验。要避免在这条道路上走弯路，在居民获取互联网健康信息入口严格把关，提前实现品牌占位。

学术互联的营销模式越来越值得药品零售企业借鉴，学术营销的工作重心将会从医生向疾病和消费者转移，疾病和患者这两重心将引导所有的营销行为改变。强大的学术证据佐证、良好的社会口碑、完善的推广团队、专业的互联网销售平台（如直播平台）将实现品牌价值共赢重构。在零售药店直播带货与顾客直接接触的是主播，健康产品作为特殊的商品，顾客需要零售销售企业给予更多的情感照顾和更多的专业用药咨询，提高连锁营业员药学专业水平，在跟顾客沟通中能够提供更系统的用药建议和健康辅导，是零售企业最核心的目标，但这些目标的实现需要工业企业参与，尤其是有独特学术背景的工业企业。

第四，在万物皆可播的时代，居民健康产业入口的专业化、职业化任重而道远。

电商直播创建的强交互消费场景，极大地提升了购买效率，想象空间扩大，商品“新、奇、特”也让直播间内的货品上限被不断提高。从汽车、房子到火箭，直播间内的货品池打破地域、品类限制，突破传统电商渠道局限性，真正做到“万物皆可播”。

居民健康入口领域“优惠力度大”“产品属于细分赛道”成直播爆品两大优势，单一追求“低单价”成为过去式，直播成为细分品类加速器，助力打造潜力爆品。直播主题的专业化、职业化是未来健康产业直播的胜败关键，它不仅要求零售药店掌握适于互联网传播作品创作技能、传播技巧，同时还要知悉互联网生态规则、壁垒及规范，不传播负面、违规内容，更重要的是掌握产品强专业性知识内容。

第五，注重主播培养和规范要求。

职业化的健康直播是持续成功的开始。一个健康直播能否成功，引流人们到直播间是第一步，真正转化和产生业绩的是主播的水平和直播气氛的烘托。

职业化主播需要以下几个特征：

(1)要有知识丰富的“人设”；

(2)要善于和场下的人互动；

(3)要对产品和模式专业。

因为只有这样才会让主播有说服力，才能够带动大家进行一致统一的行动。

未来，随着监管部门的进一步介入，健康电商直播市场无疑会朝着更加规范化和职业化的方向发展。这种规范，主要从直播人员言行、直播产品品质以及主体责任落实等方面来进行。一些利用相关法律、规则与标准的暂时缺席而钻漏洞的行为会越来越边缘化。

锻造在线直播的健康生活频道

中国零售药品行业发展至今，很多传统的经营模式要想突破迎来更大的增长已经很难，药店的同质化竞争更是刀光剑影白热化。哪怕感觉很多经营方式比之前做得更极致，但往往面临的还是客流下滑，利润降低。这几年几乎所有的药店都在思考转型，都在思考流量怎么获得，怎么让流量反复变现，于是乎，各种新的营销方式、营销手段层出不穷，百花齐放。特别是网络直播，作为一种新兴的社交方式，更是如日中天，迅速成了新媒体营销的新阵地。“无直播不营销”更是成为国内时下最新的营销模式。网络直播对于药店来说多了一个品牌、商品、服务触达的渠道和方式，也从一定程度上弥补了实体店的销售困境，直播形式从而得到了广大药房的认同。

从疫情开始，直播的数量大幅增加，质量也得到了大幅度的提高，很多行业先锋也初尝到了直播的甜头，一场直播甚至能带来几百上千万的流水。然而随着加入直播的企业和个人越来越多，直播间的价格没有最低，只有更低，消费者也逐渐麻木，直播的转化率和投入产出比也逐渐降低。直播想要常态化地融入本地医药健康生活，又应该以什么样的定位出现呢？

首先，每个药店企业都应该结合企业资源对自己做直播进行形式和内容上的定位，不能一味盲目地为直播而直播。直播的目的是快速变现，还是为了宣传推广作为品宣？是在对用户“种草”到一定阶段再变现，还是作为企业会员的流量入口，让其和社群以及实体门店相结合形成公司特有的电商形式？这些都需要企业有清晰的认知。

如果直播的目的是快速变现，一定要利用好厂家资源和供应链资源，首先从选品开始，选择知名度高的产品给出“劲爆”价格快速拉动销量，也可以选择市场容量大、不够知名但利润相对较高的产品，通过设计直播间的一系列运营方式提高转换。其次是直播代言人的选择，流量变现型直播是个卖冲动的过程，所以代言人的形象、专业性、爆发力、感染力等对最后成交结果有直接的影响。还有，成败的关键是直播间流量的获取，如何导流让更多的人进入直播间，同时能让大家在直播间停留的时间更长，这就涉及现有会员的导流、新增会员抓取、直播运营中的设计等。此定位更适合供应链较强，对厂家有一定掌控力，以常规产品经营为主的药店，保健食品、医疗器械、中成药、中药材、药食同源的产品等都是合适的选择。

如果一些历史底蕴比较强的老品牌或者中医养生基础比较好以及专业性较强的药店连锁做直播，则更适合把目的定义为品宣“种草”+持续收割。对这样的定位，我们认为前期持久的知识输出尤为重要。可以结合企业自身资源对慢病患者、中医爱好者、少儿家长这类精准人群进行长期直播患教。当然，由此对直播老师的知识储备要求也会相对较高，企业可以安排专门的药学服务中心承接，也可以利用好很多药店企业里面的中医医生等。如果企业前期储备不足，也可以和本地医院、医学院校等进行异业联盟来保证持续稳定的知识输出。“种草”期间对产品的引导是一个循序渐进的过程，当“种草”到了一定阶段，往往消费者会呼吁产品出来，那么这个时候往往用一些 OEM 产品或者外治技术(比如儿童推拿、埋线减肥)等非同质化产品作为转换的工作更为合适。

一些企业也把直播当作吸“粉”和导流的工具，一是可以和一些直播行业“大 V”合作，利用他们的自身影响力，除了当时变现销售以外，更把流量引向自己的社群，从而转换为企业“粉丝”。二是可以利用现有各类主流电商平台，比如抖音、美团、京东等公域流量的用户以及朋友圈新客进行快闪群或长期群的导流。或者用直播来做分销引流，比如给直播建一个付费门槛，9.9 元或者 19.9 元之类，然后设置分销佣金，佣金可以全部给出去，企业获得流量。一般对付费购买直播的用户来说，基本上是认可了直播的内容，也会带动大部分用户自发分享。基于直播和利益的诱惑，也能带来一批新的流量。但是如果一旦收费，对于内容的设定就要具有一定的科普性。

总之，药店直播要想长期融入本地医药健康生活，一定是结合自身资源，审视好自己想要什么，如何用最有效的方式去完成，坚定地往这个方向去尝试。我们总结几点药店直播应建立的认知：首先直播次数在精不在多，如果直播的频次一旦过多，比如隔天就有一场直播，那客户也会变得麻木，不会去珍惜因平常发出的直播。其次直播前的运营准备尤其重要，群内的运营、预热、宣传渠道的整理等，特别是倒计时的预热，往往会决定整场的结果，所以一般要形成标准操作化流程，大家知道应该在哪个时段做什么。再次直播过程中，运营动作的设计、讲师的内容打样、水军的准备等都需要提前模拟、修正，以保证直播的流畅以及用户的体验。最后如果很多直播用户是和社群相结合的，那么后续的群运营也是一个重点和关键。毕竟社群最常见的问题就是死群，特别是为了直播而建立的群，很多活动一结束群就废掉了。活动前可以想好群的运营，如果只想一次性利用，就可以做成快闪群，结束后解散，这样不会因为快速死群影响自家品牌的口碑。

直播已经成了新的商业模式，如同当年的互联网，不融入其中，错失了风口必然会损失掉很多市场。

优质内容制作与传播

直播电商重构了人、货、场，以全新的“货找人”的形式替代了传统电商“人找货”的模式，但是它依然没有脱离商业的本质，直播电商利用直播的形式，线上再现了店铺的原始形态，明星代言、网红带货、低价促销、精准投流等，虽然能带来一时的销量和流量，但是如果想保持长期的高销量，依然要重视选品，归根结底产品是行销模式的载体，这也是为什么以李佳琦为代表的头部顶流主播把选品作为直播的重中之重的原因：品种是方向；品质是基础，是消费者持续购买的原动力。

选品完成后，加大短视频内容制作的趣味性，流量投放用户画像精准，以及培育主播的产品认知和职业素养，会使直播事半功倍。

产品为先，内容为王。在传播方面提高转化率需要精益求精，才能形成完整的内容生态闭环，建立用户的沟通渠道，实现用户的深度沉淀，并分析用户的购买行为和在直播中的反馈内容，深度挖掘用户需求。

药店如何基于产品成为优秀的内容创造者？我们将从视频内容制作的选题方向和抖音算法的传播逻辑两个方面简单阐述基于产品的优质内容制作与传播，希望对大家有所启发。

1. 视频传播内容制作的6大爆款内容选题方向

“好酒也怕巷子深”，有基于产品的支撑，好内容让产品更有传播力，进而吸引更多用户。视频运营者打造优质内容的第一步就是选择内容选题方向，这里我们提供视频的6大爆款内容选题方向供参考。

(1)真实的态度分享：独到的见解或者点评，用积极的正能量引起大家共鸣。

近年来，随着用户精神需求的不断增长，用户在观看短视频时，会有更多人选择具有见解、能够传达正能量的短视频。短视频的展示形式、拍摄技巧都是作品的外在“皮囊”，而短视频传达出的价值观，才是吸引用户的内在“灵魂”。

药房在推荐好产品的同时，传播相关医药知识，好品牌好产品的严格品控，倡导积极健康的生活态度，引起大家共鸣，获得精神层面的高度认同，增强了信任也就增加了购买机会。

(2)“干货”技巧分享：抓住目标受众，重度垂直。

在快节奏、高强度、碎片化的生活状态下，用户更为关注信息获取的效率，希望在最短的时间获得更多的信息，对冗长且节奏缓慢的内容往往缺乏耐心。“获取知识，增长见识”是人们看视频的主要诉求之一，我们发现生活小技巧、实操指南、“干货”分享等类型的视频能获得较高的收藏、点赞和分享。

药房在传播药品专业知识的同时帮助用户增长见识，去产地寻宝、去工厂探秘、做工艺解密等增长知识和开阔视野的视频更容易受到消费者的关注。

(3)趣味性内容分享：打造“四趣”高速传播。

“好看的皮囊千篇一律，有趣的灵魂万里挑一。”有趣的内容和有趣的人在视频中非常受欢迎，视频中一些新奇元素、幽默元素满足了消费者的娱乐需求，也让大家更热衷于分享，进而得到更好的传播性，快速获取更多的流量。

视频趣味性内容大概可以分为乐趣、奇趣、野趣、意趣“四趣”。

①聚焦乐趣，能给用户创造欢乐。抖包袱、讲段子、做模仿都是常见的乐趣传播，在喜剧中收获欢乐、知识和人生哲理，很容易吸引客户点赞。

②营造奇趣，能激发客户的好奇心。人们往往对未知的事物充满好奇，新鲜、稀奇的元素能激发人的好奇心，能快速吸引用户关注，吸引大批“粉丝”。

③创造野趣，能为用户纾解压力。现代都市人在工作和生活的重压之下，大多向往“采菊东篱下，悠然见南山”般富有“野趣”的田园生活，如李子柒的成功就是抓住了大家对回归自然的生活向往。药房直播在中药品类上可以采用这种方式，将生态景观与当地道地药材人文相结合，吸引都市人的关注。

④升华意趣，能使用户回味无穷。有些视频将人生哲理融入平凡生活，立意深远，吸“粉”效果非常不错。

(4)真实的生活分享：接地气，有人气。

用户既是视频的制造者也是视频的传播者，他们常用生活的碎片时间观看短视频，视频的很多灵感也来源于生活。“接地气”的创意内容很容易获得用户的认可。

视频和直播是将药房的线下服务延伸到线上服务的手段，在视频内容的打造上坚持从生活出发，看到别人的生活仿佛看到了生活中的自己，生活化的内容与用户距离愈近，参与意向愈强。聚集人气就要：把我的故事，讲到用户的心里。

(5)情感的共鸣分享：情感认同的“粉丝”黏性更强。

我们经常看到一条内容简短的视频拥有百万的点击量，就是因为它能用内容表达喜怒哀乐，调动用户的情绪，这样的作品就是有传播力的灵魂佳作。经济学上有一种“情感营销”，它是指在产品营销过程中，从消费者情感出发，唤起消费者的情感需求，让有情的营销赢得无情的竞争。

药房的专业性、权威性，再加上线上互动的亲切性，以及视频传播的情感共鸣，一定会进一步拉近与消费者的距离。因为“懂他”成了难以割舍的知己，情感类视频用户拥有更高的黏性。

(6)CEO 思维分享：“首席主播”企业 CEO 的角色转变。

不想当主播的 CEO 不是好的 CEO。在各大企业认知到直播电商的巨大商业价值之后，越来越多的企业 CEO 开启了线上营业模式。从格力董明珠一场带货 3.1 亿元，到一心堂阮鸿献先生一场带货 4000 万元，连锁药房“大佬”们也纷纷化身品牌“首席主播”，举起直播电商的旗帜。CEO 站出来、霸道总裁上线、老中医和执业药师普及知识，逐渐成了连锁药房直播的新趋势。

CEO 直播的优势在于拥有强大的信任背书，拉近了与消费者的距离，向消费者传递品牌理念与动向，增进消费者对品牌的理解与信任，同时增强了本企业员工、合作伙伴、经销商对品牌的信心。从表面上看，CEO 直播只是一场试水，但是体现了企业领导面对市场变化，敢于灵活转型和精益求精的思维和态度，是企业数字化转型的一个突出表现，既是企业价值的输出，也是 CEO 强大能力的表现。

2. 抖音算法：从推荐到上热门背后的逻辑

选好了产品，拍好了视频，想要进一步做好内容传播，必须了解抖音算法，了解从推荐到上热门背后的逻辑，从而获得更多的推荐，更快打造出热门作品。

我们常常听说的“流量池”就是抖音给你发布的作品推荐的观看人数，影响流量池大小的两个关键因素就是抖音号的权重大小和作品的受欢迎程度。

抖音的权重基本算法包括注册信息的真实性。作品本身的优质程度影响作品的受欢迎程度，例如画面是否清晰、是否违规、是否原创、是否稀缺等，还有作品的发布时间是否合适、是否参与抖音热门话题、是否添加了位置，这些都是判断视频是否优质、是否有更多传播性的基础数据。另外，有价值作品的完播率、点赞量、转发量等互动性数据指标也是判断是否值得被推荐的重要依据。

想要提升作品播放量有四个技巧：第一要选择合适的时间发布。公认的黄金发布时间是“四点两天”，所谓“四点”是指周一到周五上班路上7—9点，中午休息12—13点，下午偷闲16—18点，晚上“躺平”21点。所谓“两天”是指休息日周六周天。当然视频固定时间发布，追逐热点迅速发布，针对使用人群的特殊时间发布，这些都可以在基于对自己和用户深度了解的基础上做调整。例如对初生婴儿用品，后半夜母亲喂奶后也许顺手“刷”抖音，被推荐的机会也非常高。

上热搜了你还要学会借力借势，热点自带传播属性，也蕴含着巨大的流量和关注度。如何正确地蹭上热点呢？常见的有以下三种方式：

(1)热点音乐。抖音之所以叫抖音，抖的就是音乐，音乐是抖音的灵魂。大家要经常留意抖音热搜音乐榜，用热点音乐赋予视频灵魂，助力传播。

(2)热点事件。2021年7月河南水灾，鸿星尔克捐赠5000万元物资意外爆红，引爆了直播间一天1.2亿元的“不理性消费”。和鸿星尔克相关的故事和段子也在全网野蛮爆发。不过要记住，蹭热点的时候也一定要结合自己的内容定位和“人设”去蹭，才会赢得关注。特别注意：和突发社会热点不同，对大型节假日的热点可以做足准备，蹭满热点。

(3)流行的拍摄形式。市面上有很多创意的拍摄模板，有些模板经“达人”一推就立刻火爆，结合自己的产品，及时模仿就可以跟一波热点，获得更多的点赞和关注。

此外，视频和直播要想让更多的消费者看到，可以在企业官网、电商平台、社交平台、会员体系、店员朋友圈以及线下实体门店提前进行宣传预热，在开播前就获得更多的关注。在宣传过程当中我们可以这么做：

预告产品，来展示直播内容的“冰山一角”。我们可以在宣传期只做部分产品的预告，悬念十足的宣传也暗示消费者会有更多的惊喜。

预告福利，营造“千载难逢”的氛围。预告福利让消费者对直播更加期待。

实体门店，千人预告方案。在区域有一定规模的药房发动店员带动消费者在同一时段做千人预告，有助于营造销售氛围，引起更多人的关注。直播的流量影响直播的销售额，利用药房拥有的实体门店和私域流量，直播的预告能吸引大量流量。

在预热环节还有一些创新的“玩法”。例如，加入“邀请有礼”的环节，鼓励“粉丝”老带新；加入“粉丝”拼团的环节，拿部分引流产品出来做拼团，更大地激发老“粉丝”的邀请热情。

直播电商引入传统药店，用视频和直播的方式推动营销方式、商业模式、场景生态等多维度变革，有望立体全方位地满足消费者在直播电商中的新型市场需求。

对于药房来说，直播并非临时之举，而是未来的一种常态，我们要全面参与，大胆尝试，高度重视。在这个蓬勃发展的新时代，以选品为基础，以内容为导向，以算法为传播逻辑，视频和直播将成就更多更有温度和信任感的组织，将成为推动行业内外循环和消费升级的新动力。

新公会:药店主播赋能成长平台

随着药店纷纷开始跑步进入直播赛道,开展公益直播、患教直播、原产地直播、活动宣传直播、门店导购直播、总裁带货直播等形式丰富的直播,直播已经成了本地居民在本地城市的健康生活入口。

随着用户健康消费的升级,药店垂直直播领域只有提供丰富的内容,才能满足用户在不同健康生活场景的需求。随着行业竞争加剧,精细化运营将成为药店直播电商的核心竞争力之一。虽然直播经过多年的发展,各大平台日趋成熟,各类法律法规日益完善,各种模式日渐成熟,但是对连锁药店来说,直播仍然是新生事物,除了直播背后的产品供应链整合能力,特别是药店直播主播的孵化培养,直播前的预热、直播内容的确定、卖点的提炼、主播卖货的脚本准备、直播现场彩排演练,主播在医药健康垂直领域的专业、带货能力,直播的运营执行能力,都影响着药店直播的效果。

药店直播常态化后,药店应该培养自己的主播,最佳方案是选择具亲和力、专业能力较强的执业药师,当然也可筛选具有直播潜质的其他工作人员。此外,选择签约专业能力强的全科医生,连锁董事长或高管亲自上阵,会增强顾客的信任感。但是专业医生的讲解有时会过于专业枯燥,需要做好内容的互动设计以及直播现场助播的气氛调节。如果是供应商主导的直播,那就应该根据产品的属性匹配和工业品牌调性相符的直播。

直播电商时代,营销兼具内容与社交属性,药店主播能否带货,带货能力强弱,很大程度上与主播自身的IP“人设”打造和“粉丝”积淀有关,主播的“粉丝”就是一个圈子,他们有共同崇拜或者欣赏的人,因为这个关系而聚集在一起。药店需要考虑培养自己的主播,打造药店专属的流量明星。其实药房里不乏这种很受患者信任的药师，只是在传统模式上仅限于某个店或者某个区域，但通过移动互联网的“粉丝”裂变，可以让这些明星药师成为企业的专业品牌或者某个领域、某个品类商品的代言人。

连锁药店要想自己培养主播，就要选择能说会道、会察言观色、敢说敢播的人，要具备心理学知识。带货是一门学问，主播的技能和水平需要不断加强和提升。主播的控场力、形象、表达能力都很重要，是决定前几秒顾客能否留下的重要因素，如果有办法让顾客留在直播间的时间更长，那么转化率会更高，但是对主播的要求相应也更高。

但是，药店主播如果只靠自己实践、摸索，一是成长周期长，二是不一定成长得起来，所以连锁药店的主播有必要加入药店直播新公会组织，即挖掘主播、培养主播、包装主播、推广主播，专门运营主播的组织。公会是嫁接直播平台与主播的桥梁，为主播更好、更快发展提供系统化运营支持。

对药店主播的理解，不能仅局限于内容创意本身，而要把药店主播理解成一个流量转化体。它主要负责两件事情，一是制造健康消费场景，二是增加消费者的购物社交属性和黏性，从而引发更大的需求。同时在需求激发过程当中，让消费者觉得花钱的同时获得健康快乐，达到更高的转化效果。

药店直播新公会负责培训药店健康类主播，对有潜力的药店主播进行运营。公会通过培养药店主播的技能，精细化调整主播直播过程等，从根本上提升药店主播的专业能力，调动主播不断追求、不断向上的积极性。与此同时，公会会周期性地对主播进行包装以及对外宣传，增加主播曝光量。

药店直播新公会的星探团队负责药店主播的发掘，评判药店主播的综合素质与潜力值；专业团队负责培养药店主播的综合素质、基本直播技能，保证主播能在镜头前熟练开播；药店主播运营团队负责每一位主播在具体业务上的发展，辅助主播实现业务落地。加入药店直播新公会的药店主播可以互相交流，共享成长的经验。针对各个健康品类商品的调性，孵化对应风格的主播显得尤为重要。药店主播开始药店直播的初期，针对一两个健康品类商品深耕也较易进入角色。

一般来说，一个药店主播的培养炼成周期分三个阶段：

首先是基础能力训练阶段，主播对直播有一定的认知，能够面对镜头，并且可以输出一定的内容。

其次是依据个人的定位，找到适合自己风格的健康品类商品，并对自己所推荐的健康类商品有专业细致、全面透彻的了解，比如能够快速把一款产品的卖点提炼出来，完成基本的包装。

最后是直播卖货变现，也就是基于前两个阶段的结合，把自身的流量积累起来之后，进入流量转化销量的阶段。

在这三个阶段中，每个阶段都需要设定对应的通关考核，通过则进入下一个阶段，只有通过三个阶段的培养训练，一个药店主播才能正式走进直播间开播。从“小白”签约到掌握基础直播能力，并顺利开播，快的话，一两周就可以做到；而要达到一个成熟主播水平，需要通过多项考核等一系列培养训练，则需要 2～3 个月时间。

未来，随着药店直播常态化，药店在线直播的健康生活频道的常态运营，药店主播 KOS/KOL 化是必然的，而且效果会非常好。在药店直播电商的运营上，药店主播扮演了一个非常重要的角色，成为药店的核心流量资产。

药店主播作为药店的核心流量资产只有通过自己孵化、培养、打造，才能领先竞争对手，占据竞争优势。

（田青青、纪珍强、黄治林参与讨论修改，对本文亦有贡献）

网红店长/店员的直播选秀与培育

徐郁平　苏德勇

绝大多数的专业主播都是从小人物甚至“素人”开始的……而对于小主播而言，成长首先要立足于自身，找到适合于自身的路径，不断提升自己，当机遇出现时才能真正把握住和利用好。

——中共中央党校(国家行政学院)文史教研室高级经济师郭全中

当前互联网经济飞速发展，直播经济异军突起，危机与机遇并存，由此孕育出大热的直播行业，直播行业也正式开启了高速发展的时代，并成为中国经济的一大亮点。纵观药品零售行业，从入驻第三方配送平台，到自主经营私域平台，再到积极尝试直播，在无形的变换中，医药零售行业已纷纷踏上医药数字化这趟快车。近年来，国大药房、老百姓大药房、一心堂等已纷纷涉足，并在其中取得亮眼的成绩，而对于多数医药零售行业而言，直播还是一种陌生的营销方式，主播作为一场直播的灵魂，对于人选问题，我们到底该找谁播?

药店需要什么样的直播人才?

药店为了一场声势浩大的活动，可以请知名人气主播，但高昂的坑位费、主播参差不齐的带货水平以及药店直播的日常化，单纯地依靠外界力量的主播已经满足不了药店在直播领域的发展，药店必须培养属于自己的直播人才。

药店需要的直播人才应该拥有哪些特质，“粉丝”们偏爱何种直播形象？针对这个问题，我们在维康药店内部开展了一次问卷调查，受访者来自 90 家门店，共 312 人，受访者基数虽不算大，但初步得出些许答案。从一份“药店人对直播的认识程度”这份问卷调查中，我们了解到药店人的生活与直播密不可分。受访者中，偶尔看直播的占到 60.3%，关注过健康类直播间的占 46.5%，从未看过直播的仅为 2.4%。直播的普及与纷繁的直播间主播，给人留有记忆点的又有哪些？另一份“药店健康类主播形象”问卷涉及主播给人最直接的第一印象即形象问题，关键词是“专家学者”“稳重亲和”“专业能力强”“口才好”等。

药店人对直播的认知程度

偶尔看直播 60.3%
在直播间买过东西 50.7%
直接参与过直播 10.6%
关注健康类的直播间 46.5%
从未看过直播 2.4%

药店人对直播的认识程度调查

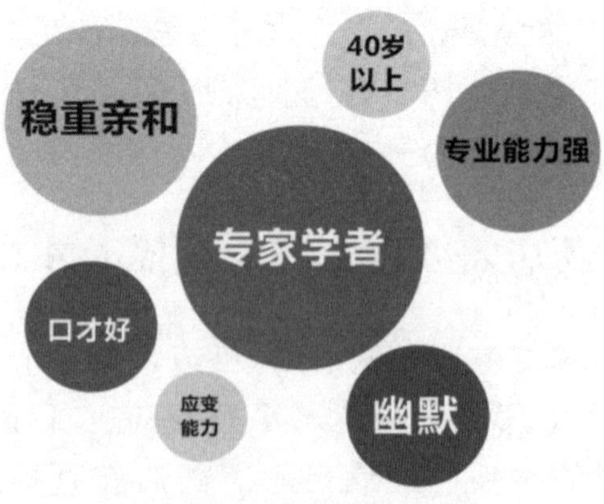

药店健康类主播形象关键词

这些关键词背后的缩影，与门店的药师部分吻合，最为契合的是“专业”。纵观行业内，公司的执业药师、执业医师等专业人士，外部邀请的医生等专家以及公司的高管占了主播人选的绝大多数。作为健康类的直播，要有足够权威的专业知识来支撑直播间，树立可信的形象留住“粉丝”，从而达到传播健康知识或是达成消费的最终目的。因此，我们梳理一条比较明确的主线：药店直播发展过程中，最终启用的直播人才来源于门店。

首先，具备充足的专业知识。正如我们来到医院看病，不会质疑医生的诊断与开药，因为医院和医生都是专业的代名词。直播间也是如此，主播足够专业，介绍的健康专业内容也是大众所希望了解的，建立信任是达成销售的前提。

其次，热情饱满和运营思维。主播是否充满激情是决定直播间冷热的因素之一。在快节奏的直播中，哪个点需要互动，哪个点需要表达惊讶表情，哪个点需要引导下单都归结于主播的营运思维。正如李佳琦那两句口头禅“OMG”“买它”，前者激情满满带动直播间氛围，后者引导性话术，直截了当告诉“粉丝”下一步该怎么做。

再次，懂得直播平台规则。药店直播所选商品多数是药品，而如今多数主流直播平台对药品并不“友好”。对于平台选择上，我们选择微赞、药店自营小程序等。直播过程中的话术一定要在国家允许的范围内，不说违禁话术，不上违禁商品，否则在平台监管中对直播间查封，不但对单次直播影响巨大，更会使“粉丝”体验感极差。

最后，拥有强大的临场应变能力。直播过程中常常会出现互动提问环节，广大网友思维跳跃，经常会发问些奇奇怪怪的问题，主播需要用专业加幽默的方式做出回应，万不可卡顿冷场或忽视不管，直播间靠互动才能快速热场。当然，在直播过程中也容易出现突发状况，都需要强大的临场应变能力。

发掘药店主播

通过单次的选拔难以发掘药店内有潜力的主播，需要系统化的流程，以下我们列举网红店员的养成计划。

1. 线下途径

厂商合作，指定季度爆款商品，建立分享群，以文字形式分享如何与顾客交流并最终达成销售。对阶段内表现突出的个人进行多维度分类，专业分类可初步分为5大类，分别是儿科、妇科、男科、慢病、大保健。IP分类也可初步分为5大类，分别是极为专业、幽默风趣、温暖亲和、俊男靓女、猎奇另类。丰富企业内部直播人才库，对今后主播的发展指定路径，最终贴柜考察，考察店员个人魅力及应变能力。

2. 线上途径

直播间最基础的人气决定了一场直播是否成功，而“粉丝”的来源，一部分是宣传所得，更大一部分则是主播的知名度。现下不少专家也在各大直播平台开设了自己的直播账号，他们的受众是精准的“养生粉”“保健粉”“医疗粉”。养号成了做好直播的首要任务，原因很简单，当今处于互联网时代，越来越多的商家希望通过互联网触达用户，而这本质上是缺乏信任的。因此，当商家能够创建一个IP来获得客户的信任感，这就是成功打造的IP。“粉丝”从无到有，靠的是有专业知识的视频“吸粉”的日积月累，精准触达，“粉丝”数越多，直播间效果越好。

通过线上途径发掘主播，是最贴合“实战”场景的方式，选拔的方式可采用眼下最火的短视频模式，发掘、选拔过程分四期进行。

第一期，养生短视频。以“您身边有温度的好药师”为题，每周“打卡”拍摄短视频。视频内容要求紧贴日常养生常识，频次为一周两次以上，并固定发布时间，让“粉丝”养成观看习惯。这一阶段能让大部分店员适应镜头，让其初步了解到短视频行业行规，通过视频观看点赞量抓住“粉丝”喜欢看什么、不喜欢看什么这一关键问题。在娱乐中成长，在比拼中学习是这一期的主要目的。第一期结束后，总部统计“粉丝”数，排名靠前的店员进入养成计划第二期。

第二期，话题挑战。总部规定热门日常话题，如“三高日常养生”“四季疾病预防”等，并于每期视频结束后向“粉丝”发出互动邀请。在“粉丝”与店员交流的你来我往之间，最能掌握与“粉丝”交流的技巧。用幽默的方式进行回复，能有效地为短视频本身提供更大的流量，当后台监测到该视频账号的活跃度提升后，将为其提升权重，推入更大流量池。让店员掌握与“粉丝”的沟通技巧，在交流中积累，是这一期的主要用意。第二期结束后，总部统计每条视频的互动热度，分析各个账号“粉丝”的活跃程度。

第三期，精准打造。总部参与，与店员协同创作较为优质的健康短视频，投入 DOU＋，将更大流量引入账号，打造出 2～3 条万级观看量、点赞量视频，在店员账号内进行置顶。在这期间软性植入即将开设直播的通告，让“粉丝”通过直播更加了解眼前这位他们喜爱的“idol”。

第四期，直播生活。在前三期的积累过程中，以账号“粉丝”达 1000 人以上作为标准，店员开设直播，直播不涉及带货，内容可为主播的日常生活或养生类的科普，融入“小实验”等，将“粉丝”感受做到极致，也可融入萌宠、种花养鱼、带娃等，吸引“粉丝”，让“粉丝”出现认同感，将主播塑造成有血有肉的形象。

经历这一系列药店主播的发掘过程，不但锻炼了药店主播的镜头感，更是主播积累“粉丝”的过程，为带货直播奠定人气基础。同时，通过短视频这一紧跟当下潮流的“玩法”，无疑吸引了众多行业内同仁的目光，药店店员的兴趣被激发，都渴望成为药店圈网红。这是竞争的过程，更是一个药店主播成长的过程。

从主播到网红

随着信息化社会不断发展，网红充斥着我们的生活，但一些网红在一波“大火”之后便销声匿迹了。其实，网红早就有。但那时候的网红几乎和经济利益没有挂钩，人们仅仅是一个猎奇心理，关注一些另类的人。而现在的网红火爆离不开网红经济，正是网红经济促使了网红的火爆。

很难想象，一个大流量拥有大批忠实“粉丝”的网红带货有多火爆。辛巴在退居幕后 50 天后，在 2020 年 6 月 14 日回归带货直播，实现此前 10 个亿的目标，全场销售额超过 12 亿元。与明星代言产品一样，直播间“粉丝”一看自己的偶像都在用该产品，自己就有去买的冲动。

主播和网红还是存在一定差异的。主播的群体主要在平台上，依靠直播平台建立关系。但是网红自身就已经是一个 IP，能直接影响到“粉丝”的语言、行为等，不局限于某个平台。他们是通过互联网走红的人，会被很多网民关注，是一个焦点人物，即 KOL。网红主播的标志体现在：

(1)才艺技术引导增加“粉丝”量：通过直播为品牌、IP、小程序等涨“粉”数量。

(2)在线的时长：主播天天在线会使人气暴涨。引导观众在直播间观看直播停留时间长，从而达到效果。

(3)直播在线观看人数：直播期间累计观看人次及最大同时在线人数。

(4)直播点赞、评论数：直播期间观众点赞数量及评论的数量关乎着直播间的热度。

(5)直播裂变涨“粉”:了解用户需求,鼓励用户进行传播,拉新“粉丝”。

(6)直播带货引流、销量:直播期间线上小程序、直播间下单销量及后期对品牌的影响度。

(7)打造企业专属的标签:让顾客从任何一个维度都可以清晰地了解品牌。比如,“一心,您身边的健康管家”!

主播与网红的差距是流量的差距,一个自带流量的网红,在直播上肯定是占很大优势的。许多“素人”主播也很优秀,无论是口才或是专业,但为什么他们没有带火直播间,没有达到最终的销售目标?众所周知,成为主播简单,但成为一位受广大消费者喜爱自带流量的主播很难。在药店直播发展之初,若直接启用毫无实战经验的“素人”主播,无论是销售还是宣传必定达不到最终的效果。

如何将一位“素人”主播快速“养成”,在药店直播初期尤为重要。找谁教?对直播行业来说,药店人都是外行。找培训机构吗?实战经验太少,进度太慢。此时,不得不提到一个非常典型的案例:淘宝头部主播李佳琦,他在走红之初,不仅因为他是口红“一哥”,他懂得女人们的心,更是因为佳琦直播间的那对好“嗑”的CP——李佳琦和小助理,甚至在小助理提出离开佳琦直播间的消息一出,许多“粉丝”表示佳琦直播间不再吸引人……那么,小助理在佳琦直播间真正起到了什么“重要作用”吗?外人看来,小助理无非是做简单的配合,拿产品,做做实验对象,那相比李佳琦侃侃而谈是不是简单轻松得多呢?药店主播在初期仅需要充当“小助理”的角色即可。

同步进行的还有个人IP的打造。个人IP形象是加强信任基础,是主播无形的精神魅力,也是企业的一个资产端,尤其是提高消费者复购率的有效条件。药店作为传播健康知识的场所，相对而言有一些优势，它不像医院，医疗知识那般高深，晦涩难懂；药店的养生知识贴合日常生活，简单易得。在打造个人IP时，要遵循一个原则，即多号一体策略，微信、微博、抖音、快手、企业微信、小红书等社交平台的头像、姓名、介绍要一致，让人们在任何平台看到你的头像或名字时，就知道是你。当然，在头像、姓名、介绍定位时也多有讲究，在追求特色、有记忆点的同时，也不忘传递健康的本质："粉丝"关注你后，将获得哪些健康方面的帮助。这也是树立个人IP要做的最基础的事情。

个人IP打造内容方面。在内容结束或开头加入一句标志性话术，如"我是×××，您身边最有温度的药师"，"关注×××，只讲'干货'，没套路"等，暗示大家持续关注或者添加关注的同时让大家更有记忆点。内容主体部分应紧跟当下热点养生话题，并与"粉丝"保持多元化互动。发挥主播特色，或是专业，或是幽默，或者形象有记忆点，为主播树立"人设"，但出发点都是为大家的健康服务。只要与"粉丝"之间建立信任链，让"粉丝"觉得主播是靠谱的、可信的、权威的，然后建立联系与互动，最终才能在直播间锁定这部分消费者，并让其产生复购的可能性。

最后，也是最关键的一步——"洗粉"，对自己的"粉丝"进行整理。并不是每一个关注你的人都能成为你的"粉丝"，只有那些肯为你花钱的人才是你的"粉丝"。在积累有效"粉丝"的过程中，药店主播附加了第二重身份——网红。所有直播都有由量变到质变的过程，不可能第一天就爆发，一定是在过程中不断累积"粉丝"，最终通过广告效应去爆发。

网红店长/店员的培育

放眼直播行业，强者恒强的"真香定律"还在持续，大流量主播无论什么货都能带，哪怕之前是寂寂无闻的商品，到他们的直播间立刻就成为“爆品”，然而高额的“坑位费”让药店人望而却步。这就迫使我们将目光瞄准本地知名主播开展带货，让知名主播与药店内专业人员配合，打开局面。蹭主播的流量，把直播的“粉丝”“收割”和沉淀到自有流量中，实现社群私域运营和直播小程序互动的闭环。同时，通过实战，提升店内专业人员对直播的认知，以知名主播流量补充直播间流量，直播间的流量曝光药店主播知名度的模式，形成一个良性循环。

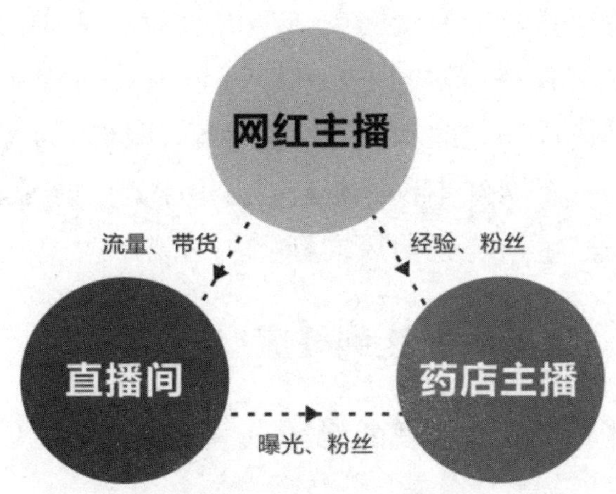

药店直播间：从主播到网红

在直播场景中，借助专家的力量，为药店引流。海王星辰就利用“大 V”主播，打了漂亮一战！2020 年 11 月，健民药业和海王星辰做了“大 V”直播活动，直播当天销售额增长 2 倍，直播后同比日均量增长 36%。活动前期海王星辰线下门店预热、产品陈列、曝光提示，加上媒体广告的投放，以及双方企业公众号大量推介引流，并聘请当地知名专家，直播当天观看人次达到 80 万，实现了边看边买，为连锁药房实现了引流。

药店主播加上知名头部主播，在直播间擦出更灿烂的火花！鱼跃医疗就是秉持这个观念，零售价 200 万元货值的商品，成本 80

万元，请一个 KOL 主播的“坑位费”10 万元、佣金 10 万元，那么将零售价 200 万元的商品按 5 折出售，可收回 100 万元。一场直播下来，虽然没赚钱，但也没有赔钱。但这个 KOL 的 1000 万或 800 万“粉丝”已经间接转化成企业的“粉丝”，成为药店主播的“粉丝”，这对于品牌已经完成了一轮营销。在销售了货，清了库存的同时，还做了广告，把“粉丝”体验度做到极致。“双 11”鱼跃以 5 折力度销售，加大促销力度，有加赠、有抽奖活动，CEO 也进直播间，同时请来流量主播、大牌明星等，把“声量”做上去。

这是流量、“粉丝”、销量完美转换的过程。药店的主播也将乘着这一次次热度直播，被推向更大的流量池。网红店长也在这一次次直播中迅速成长，在“粉丝”面前“混到”眼熟，为将来直播奠定坚实的基础。一个网红不仅能带红一个门店，更能带火一场直播，成为多数“粉丝”生活购物的风向标。

从网红到健康“达人”

药店网红异于其他领域的网红，专业、传递健康信息是药店网红独特的标签。

脱颖而出的药店网红主播需要不断提高主播生活趣事的曝光率，一方面使“网红”成分一直红下去，另一方面以正面形象将其打造成一个有血有肉且积极向上正能量健康“达人”的形象。“有用”吸粉更快，“有趣”互动更深。药店要打造的健康“达人”的“人设”应该是热爱生活、热爱健康的，能引起共鸣，“粉丝”能接受与主播相同的生活方式，“种草”各种健康产品。

成为健康“达人”，让更多人认识你，曝光了主播，更曝光了药店与产品，带来的不仅是网红经济，更是口碑的宣传。打造健康“达人”是一个一举多得的途径，能为直播间输送源源不断的新动能。那么如何从网红主播过渡到健康“达人”呢？最简单的便是从

“互动”开始。

第一步，维护各类社交平台账号。在一定“粉丝”量的基础上可以向“粉丝”表达“有任何健康方面的问题可以咨询我”，既拉近了与“粉丝”的距离，又提高了“粉丝”的活跃度，最终树立起一个权威健康“达人”的形象。

第二步，经常在社交平台发布热门健康话题，视频结尾可发起你问我答的邀请，让更多的人了解到咨询健康问题更方便的途径，这样大家遇到健康方面的问题会第一时间想到有这么一位健康“达人”。

第三步，除了大健康这个背景，给自己立一个“人设”，这一点很重要。比如，专注于儿科，将自己的“粉丝”团锁定在宝妈身上，这部分群体可能缺乏相关育儿方面的知识，但是一个家庭中消费能力最强的人。“人设”可以是一个持家、精明、处处为“粉丝”着想的健康“达人”，而“粉丝”购买的任何一样商品，都是健康“达人”精挑细选的，购买后无论是在品质或价值上都是非常值得的。因为这个“人设”让你看起来不再是一个冰冷的科普形象，而是与“粉丝”更贴合，更有力“吸粉”。

健康“达人”的转变不仅是个人形象，更是整个企业在大众面前的形象，而要想一直活跃在大众视线里，就需要一个系统性的团队，进行幕后策划、拍摄、选品、剪辑、运营等，为大众生动地讲述健康方面的故事。

5G 和“直播＋”时代的到来，重构了人们的消费模式、消费场景、消费习惯，随着内容流量与商业流量的合并，商业生态会越来越成熟。直播加上医药行业，定有无限可能。

（钟荣、陈虹、李德宏参与讨论修改，对本文亦有贡献）

龙头连锁药店直播体系建设构想

代　航　赵亚辉　王桥通　高　燕

一家零售企业如果能抓住数字化生存的机会，就有能力组合供应商，直接对接消费者，获得新的消费场景，进而获得实现新成长的可能性。

——北京大学国家发展研究院 BiMBA 商学院院长陈春花

通过直播，药店可以与消费者建立新的联系，创造新的消费场景。但是，如何使这种联系更持久，消费场景更吸引人，龙头连锁药店需要构建自己的直播体系。

龙头连锁药店直播体系概述

2021 年 7 月，我们和捉药师机构创始人李光一起专程来到深圳海王星辰总部，就海王星辰这些年在业内声明卓著却又似乎秘而不宣的新零售和直播体系建设情况，向其 CEO 张英男当面请教。据了解，海王星辰已开通直播间，效果显著，并与业内第三方直播平台微赞合作良好。早在 2020 年，海王星辰就用海王健康品牌开通微赞直播间，主打医疗健康科普节目，内容覆盖女性健康、老人健康、宝宝健康、男性健康、营养健康、心血管、肿瘤科、泌尿科、妇科、儿科、消化系统、风湿骨外科等 20 个医学健康分类领域，累计开播超过 600 场次，直播观看近 1.66 亿人次，收获私域"粉丝"近 500 万。海王健康围绕企业产品功效讲解、疾病防治方法、健康养生知识、美容养护等，帮助企业实现品牌宣传、在线卖货、在线预约、引流裂变、品牌 IP 打造等综合需求——这种内容营销的方式为海王健康培养大量忠实客户"粉丝"，增加合作企业和海王品牌曝光量，促进客户间口碑传播，赋能合作企业，为双方输送源源不断的潜在客户。

海王健康直播间首页

海王健康利用直播营销工具开展医药互动、直播带货也颇有特色。他们在线上配备全套服务体系，进行医药互动，形成了"线上问诊，线下取药"的服务交易流程，同时也有效促进品牌推广及线上业绩增长。海王健康直播有一个显著特点：基本上每场活动都是与品牌工业企业联合开播，企业邀请主播、专家，经常会有头部、腰部主播出现，带给人诸多惊喜，包括给直播平台提供抽奖奖品、红包，以及帮助平台获客引流；与此相对应，海王星辰会在活动当天全会员转发海报扫码链接。如果是带货直播或需要变现转换，直播间会链接海王星辰微商城小黄车。在直播过程中，转发获客的流量一部分会成为海王星辰的新会员。通过这种直播方式，公域与私域流量入口开放，界限被打通，沉淀下来的新会员很容易进入海王星辰的私域流量池。这些私域流量大部分还会集中到线下门店的社群，从而有助于线上线下的融合、沟通、服务与交易。

新冠疫情、带量采购、医保控费以及互联网巨头蚕食传统医药零售行业等因素，导致医药零售行业门店客流下滑，获客成本急剧攀升，如何借助互联网、新零售等新思维、新工具，构建稳固的连锁药店护城河，是连锁药店当下急需解决的问题。近年来兴起的直播带货，是一种门槛相对较低，且快捷有效的方式，它突破了时间空间限制，重构了连锁药店的人、货、场的关系，在药店传统渠道的基础上实现门店、会员、导购、营销等数据化，通过线上线下相结合的方式实现药店的全渠道营销，为连锁药店带来了新的服务与消费场景。

连锁药店直播形式一般分为总部直播、门店直播、多店联播三种，针对不同时段、不同人群、不同品类等药店可选择适合自己的直播形式。关键是直播间建在哪里。连锁药店主播资源不足，可以选择点播、代播的方式来补充。

连锁药店直播体系搭建需要考虑以下几个方面的问题：第一点是要给直播平台进行较为清晰的定位，即直播活动的目的是什么，是公益讲座、知识科普、打折促销、功能讲解，还是品牌宣传？找准定位是直播开始的关键。第二点是商品选品。选品之前要有针对性地对区域内客户进行分析，可以优先考虑保健食品、中药饮片、中成药、医疗器械、药食同源产品等，其他品类可做有针对性的门店直播，如慢病相关等。第三点是主播及其助手的选择，需提前做好脚本和直播内容设计。第四点是直播文案海报设计、预热及引流，可进行全渠道获客推广，如线下门店、社交广告、微信生态、SEM 推广、内容社区以及本公司私域流量平台等。第五点是直播间转化，需要搭建营销手段丰富的直播平台，如观看奖励、红包、打赏、优惠券、限时折扣、在线抽奖、秒杀等，在开播时结合直播目的，选择相应的营销插件。第六点是分享裂变。直播＋裂变的方式是目前市场最主流的裂变方式，裂变方式主要包括分销、拼团、助力、邀请奖励、裂变海报等手段。通过多方面综合考虑与搭配，确保直播顺利进行。

要确保直播工作常态化，就必须有组织部门建制。就目前龙头连锁药店的部门建制而言，大都会有一个新零售部——网络直播作为新零售的一种样式，一般会在新零售部下面设一个直播部门，正如海王星辰一样。如果没有新零售部，可以单独设一个直播部门，放在营运部之下。无论如何，要有部门建制，直播体系建设才会有保障，才能持之以恒，常态化推进。

如果企业战略是以直播营销作为抓手来带动全局，那就最好与当地直播产业链进行融合。尤其是当地龙头连锁药店，有社区会员流量，有产品供应链，有本地化品牌和服务优势，有内容制作优势，可以在短时间培育出专业主播，利用直播产业链各环节原有资源和人才来更好服务用户，就会有非常好的前景。本地化的直播产业链或政策刺激的直播基地（大都会因为缺乏强有力的品牌和用户流量支持而面临亏损），也是值得拥有会员流量和众多产品供应链的本地龙头连锁药店积极介入的，找准切入口共同推动，优势互补，争取多赢。

开设药店专属直播间的步骤方法

直播间是药店直播工程的基建，药店想要做好直播，要有专属的直播间做基础保障。专属直播开设主要包括两个方面：一个是线上直播平台的创建，另一个就是线下直播间的搭建。

现在互联网技术相当成熟，各种直播平台百花齐放，可供给药店选择的直播平台也是数目繁多。目前药店可以创建的直播平台主要有以淘宝直播为代表的商城型直播平台，以视频号为代表的社交型直播平台，以抖音、快手、微视等为代表的短视频直播平台，以钉钉、企业微信等为代表的工具型直播平台，以特抱抱、微信直播等为代表的小程序直播平台，以及以微赞、略知、小鹅通等为代表的企业定制版直播平台。

对于药店来说，使用各类平台的目的都是相同的。我们在使用各类平台直播的时候，都需要在遵守平台相应规则的基础上，做到特色化、精细化、标准化运营。直播平台的创建主要从几个方面着手：一是平台的选择，即根据我们直播的定位、直播的目的、直播的受众人群，选择不同的平台。二是平台的开通，即完成直播平台的账号注册，一般包括昵称、头像、简介等基础装修。三是要在直播前、中、后做好全过程规划，即播前需要做好直播目的、直播方案、直播测试、直播宣传等相关工作；直播过程中需要做好开场、直播互动、直播收尾等；直播结束后需要做好直播报道、直播复盘、二次或多次分发和销售等。

以视频号直播为例，创建直播间主要有以下 8 个步骤。

(1)制作直播封面。直播封面相当于一篇文章的标题，好的封面可以吸引朋友圈、微信群、直播广场中的人看到直播链接好奇打开。好的封面要从色彩、图案、图片、文字等角度去打磨,不仅要让别人看着舒服,有兴趣打开,还要有符合真实场景的直播内容。

(2)设计直播主题。主播主题就是用一句话告诉别人你的直播是分享什么内容的。很多时候人们看到并且来到直播间,除了因为封面,就是因为主题。

(3)设置直播位置。直播位置可以展示我们在哪里直播,可以引导顾客点开位置来到我们的药店。与此同时,还能推荐到我们绑定位置附近的人,让一些陌生朋友可以看到我们的直播。

(4)绑定"粉丝"群。药店人只要一开始做视频号、自媒体,就要有"粉丝"群这个概念。可在"粉丝"群公布我们的直播动态,比如直播主题、直播内容、直播时间、抽奖奖品等。

(5)选择直播背景。直播背景指的就是直播间的场景。大多数中小药房可能没有专门的直播间,甚至连一块网红墙都是奢侈的。如果没有直播间,也没有网红墙,选择一个简单、大气,看着舒服的背景即可。

(6)设置直播抽奖福袋。直播间设置的福袋也就是抽奖,凡是到直播间的人都可以参与。设置抽奖时长、参与条件、中奖名额等。

(7)发送直播红包。直播间发红包需要注意两点:一是直播前要先绑定群,只有群友才能够领到红包,这也是增加群价值的一种。二是要先设福袋再发红包,这样领红包进来的人,看到了福袋就可以立即参与抽奖,而抽奖的基本会有一个等待时间,这个等待时间就是直播留人时间。

(8)直播间积极互动。社交是讲究温暖的,来了直播间,互动很重要。互动的形式有很多种,常见的互动有欢迎问好、问题互动、要求关注、要求点赞、要求打赏、参与抽奖、转发直播间等。

直播是药店数字化升级的系统工程,需要持续常态化地推进,搭建一个专属的直播间或者直播区域是战略性的举措。连锁药店要根据实际情况，多方考虑，搭建符合自己定位、风格、内容的直播间，搭建过程要遵循简单大方、温馨明亮、标识清晰的原则。

搭建直播间主要从以下几个方面着手：一是直播场景的选择，即展示在直播间的空间环境，是选择门店场景，还是打造专属直播场景。二是直播背景的布置，即展示在直播间的主要内容，包括图案、色彩等。三是直播设备的装配，即直播的手机、单反、电脑、支架、声卡、耳机、麦克风、补光灯、提词器、投影仪等。四是直播人员的配备，即主播，并选配助理、场控、编剧、导演、观众、化妆师等。

我们可以在总部办公区或者在大门店店堂，搭建10～20平方米专业的直播间或者直播区域。如果直播对象主要是药店顾客，则尽量选择药店或者类药店场景，避免在房间或者公司会议室、走廊直播，也不可选择简单的白墙做直播背景。

我们一般可以用店堂大气，又富有药店氛围的中药橱窗或者文化墙做直播背景，也可以特别布置一块区域专门用来直播。设计原则是要有药学专业氛围，色彩温馨，大小合适，不反光、不透光。

直播的装备根据实际需求来定。简单的直播一般手机、支架、无线麦克风、补光灯基本够用；大型或者重要的直播可以结合电脑、投影仪、声卡、提词器，如有必要可以录制成集，作为后期短视频素材或者产品二次销售。

直播人员的配备也需要根据实际情况来定。在规模小的时候，或者前期测试的时候，1～3人就够了。测试完成，或者有一定规模以后，可以组建3～10人的直播团队专业化运作，人员可配备专业主播1～3名，主播助理1～2名，场控1名，运营1～2名，编剧兼导演1名，化妆师1名，网络技术员1～2名。

总体来说，要想专业化、常态化、规模化运作直播，一定要用心开设药店专属的直播间，在实践中不断总结和完善。

药店在直播平台的直播内容与形式

药品和医疗器械在互联网销售必须取得《互联网药品经营许可证》。目前不同平台对医疗医药板块的规则是一致的，就是不能涉及诊断和治疗，营养保健类平台的规则略有不同。所以，要先选择好适合自己的直播平台。最常见常用的直播短视频平台有淘宝、天猫、抖音、微信、快手、小红书、火山、B站、西瓜、微视、秒拍、美拍等，还有不计其数的各种直播短视频App、小程序等营销插件。

区域龙头连锁药店或多或少都涉及平台直播。在平台直播的内容方面，要对以下三种属性着重进行考察，即直播内容具有价值性、多样性、专业性。

价值性。只有直播内容能给"粉丝"不断提供价值，"粉丝"才会追随你，信任你。大多数药店选择的短视频内容以健康科普类为主，分享专业知识和养生预防保健知识。有些公司在运营账号上，根据主要会员类型和病种品类，如高血压人群、糖尿病人群、男性前列腺人群、女性美容养颜人群、女性减肥瘦身人群等，综合启用或各有侧重。

多样性。直播内容不是一成不变的，连锁药店的直播账号也可以多账号运营。直播内容多元化，直播人员多个，就可以实行多账号IP矩阵。我们建议用企业IP来统筹个人IP，实现高强度、高关联的引流和转化。直播内容可以多样化，但具有个人属性的主播好不好，直接关系到用户留存率。主播不仅要具有专业知识，也要具备相当强大的应变能力和直播技巧。一场好的直播，要在直播前充分准备，直播中必须有好的氛围和目标达成，直播后还要能进行追售等环节安排。

专业性。药品行业在抖音、快手平台上规则严格，在视频号或微赞平台上，保健品和药食同源类规则较为宽松，企业可以根据自身主播的擅长点和品类的优势，在直播内容上精心设计。比如，通过四季变化养生科普，来带动应季的滋补品类；也可以按照活动主题来策划直播，如秋冬季女性进补固元膏专题；还有的教大家如何预防疾病，通过健康专题讲座，如脱发、气虚、失眠、乳腺预防、脾胃虚弱等，在直播间以患教的方式来呈现。

直播内容确定之后，随之直播形式也会不一样。以科普为内容的直播，形式上就是以教学为主，让大众有健康的意识、健康的观念、健康的生活方式，这也是药店人在健康事业上所应该做出的贡献。这个类型的直播，往往并不以直播带货为主，而是以吸粉引流为主，提高直播用户围观量，积累直播"粉丝"数量，解决用户与主播的信任问题。这是非常关键的一种形式，这种形式可以让企业加大流量入口，从而建设起自己强大的私域流量池。

另一种直播形式就是以纯带货为主。区域龙头连锁药店企业本身私域流量和实体会员量比较大，这种情况下的直播带货的目的就是激活老用户，吸引新用户。药店直播带货可以和厂家联播，总部找网红主播，或者店员门店常态化直播带货。这样的直播形式变现快，品类选择多元，像非药品中的药食同源类产品就是很好的选择。

建立和完善直播部门

宝丰大药房的周立总经理这两年热衷于包括直播在内的新零售探索。在零售药店系统，他所在的宝丰大药房2020年开展直播业务，至今也有一年多时间了。

"整体效果如何？"

他回答:“不怎么样。”

“为什么?”

他和他的直播团队总结了如下几点,认为是没有达到预期效果的主要原因:

(1)不知道根据商品(货)找人(潜在顾客),还是根据人(潜在顾客)去挑选商品(货)。

(2)宣传不到位、不精准,没有找到痛点。

(3)主播不理想。

(4)直播抽奖没有吸引力。

(5)缺乏数据分析和复盘动作的持续化。

(6)其他。

在我们看来,药店自己做直播(不包含品牌工业主导),尤其对区域龙头连锁药店,之所以鲜有成功者,除了类似宝丰大药房直播团队总结的原因以外,最重要的原因是没有直播部门建制规划,不能开展常态化直播活动。

建立直播部门的第一步是要给企业直播部门做好组织定位。

药店直播部门在整个连锁药店经营管理体系中可以有几个不同的位置,不同的位置安排有不同的意义。

(1)归属营运部管理,与门管部、市场部、培训部、会员部、新零售部等平行并列。好处是级别较高,有利于营运部平行调度资源,协调好核心职能部门之间的关系;不利之处一是与新零售等部门的权责划分问题,二是岗位职责不是很完善,考级指标难以量化。

(2)新零售(O2O)部直管或代管。这是目前我们了解到直播部门的一般情况。好处是这个级别的部门建制较为简单,可以马

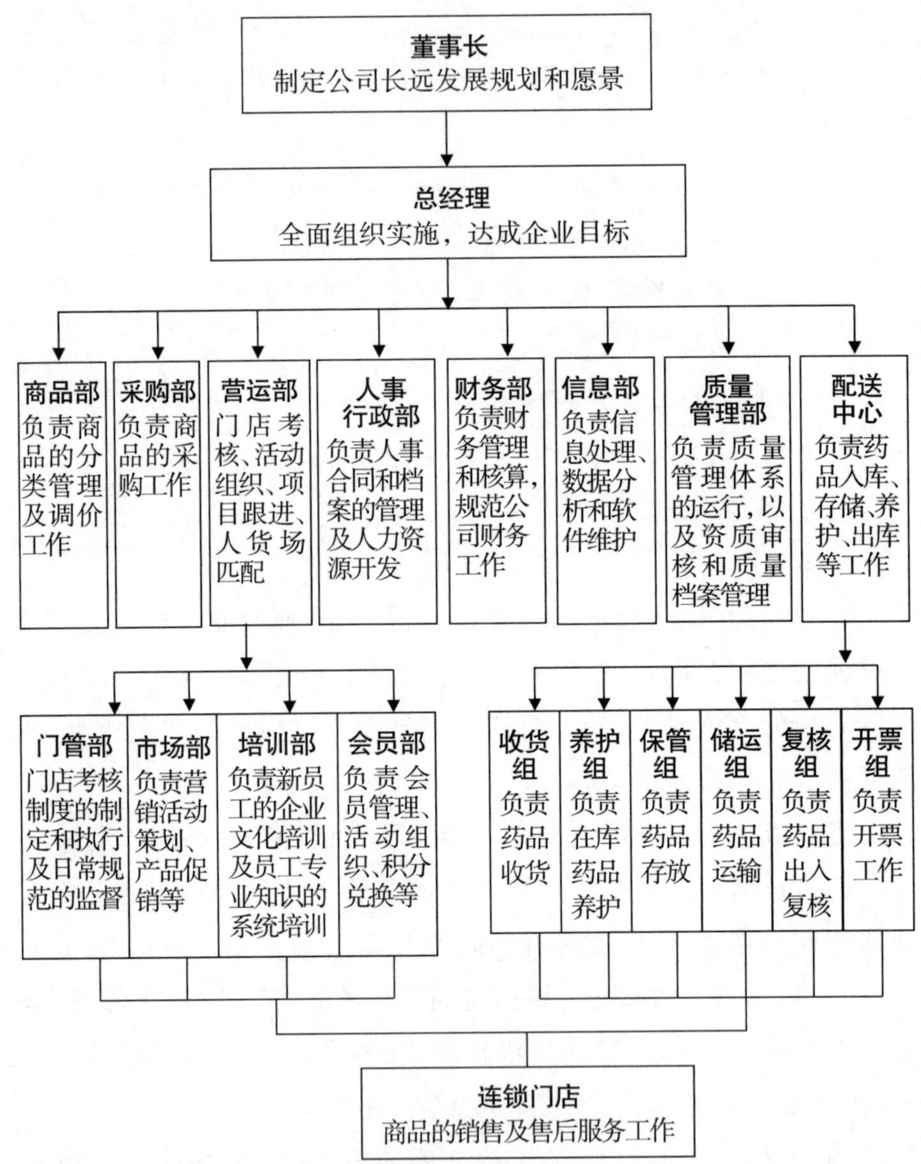

连锁药店组织架构图

选自《药店营采商协同与实战》（厦门大学出版社 2020 年 5 月版）

上上手；不利之处是营运部或者企业最高管理者难以直接指导，资源调度和协同较难。

(3)归属会员部，开展直播业务。目的就是发展新会员，激活老会员，通过线下线上融为一体的会员营销，拓展新的会员体系。

(4)独立建制（相当于项目部），不论部门归属，总经理或董事长直管。如果企业决策者判断该部门（或项目）具备足够的战略性，可牵一发而动全身，即可采用此方法。此举具有足够的组织弹性。

汪功积是江西洪兴大药房董事长，他认为第一种架构比较稳妥。据初步调查，大多数区域龙头连锁药店的掌门人都与他持有相同观点。而无论直播部在龙头连锁药店企业组织架构中处于何种位置，有几点需要特别重视：

(1)直播部门作为创新发展的业务部门，要先有投入，再计产出。

(2)在涉及与其他部门的合作时，上级领导一定要充分协同，保障常态化直播业务工作的正常开展。

(3)直播效应至少有两个：一是隐性效应即流量效应，二是显性效应即销售效应。这两个效应与线下动销体系之间一定要连贯起来，不能独立考核——药店直播的初始阶段，必须高度重视。

(4)对直播部门负责人的选定，人才来源、过渡性、阶段性、长期性的考量十分重要，AB角、专业型与综合型、新型人才（技能）与传统人才（技能）组合等，也要充分考量。

关于是否投入、投多少来开展药店直播业务的事情，我们与微赞创始人周鹏鹏有过一次交流。他认为，大连锁的业务拓展模式中，新开店或收购门店比较常见，药店直播其实也是一种开店模式。“区域龙头连锁药店建一个直播部门来开展工作，”周鹏鹏说，“直播效果如果达到理想状态，不亚于 10 家新开门店。”

如果企业决策者决定要成立直播部，那么，这个直播部门该如何运作呢？据了解，区域龙头连锁药店企业江苏百佳惠瑞丰大药房，近年来十分重视新零售 O2O 业务板块。为强化 O2O 业务，董事长崔洪鑫决定从 2020 年开始，成立新媒体直播部，归属直营 O2O 部门管理。目前新媒体直播部门全职人员 2 人，统筹、视频拍摄、剪辑、脚本编写 1 人，主播 1 人。

直播部门和其他部门协调运作如下：

(1)直播选品。联合采购部、商品部、非药部、中药部等部门进行直播选品，直播部门选择跟进市场和直播档期，制定出大致直播商品类别，和上述部门结合现有瑞丰商品进行选品。

(2)直播宣传。瑞丰直播部门搭建好直播间，做好商品上架，主播选定，直播推流后，由瑞丰企划部和门管部进行联合宣传和门店邀约。

(3)商品发货。直播间所有的商品发货，由瑞丰直播部门所在的直营 O2O 部门负责，负责直播间线上商城的跳转，朝阳大店及时发货。

(4)在业务层面，直播部门和新零售部属于互相合作、互相助力的关系。

百佳惠瑞丰直播部的主要工作岗位职责及绩效考核如下：

集团制定详细的岗位职责和考核方案，以下是详细的考核明细：主播的薪酬为基本工资加带货提成，带货提成根据不同商品的不同毛利进行。

江苏百佳惠瑞丰大药房连锁有限公司直营 O2O______月绩效考核表

姓名:__________ 岗位:新媒体经理 考核人:__________

类别	占比	序号	内容	标准	权重	自评分	上级评分	间接上级评分	最总得分
月度综合达成	70%	1	集团月度综合达成	根据集团每月月度综合达成率考核(如综合达成 80%,即为考核基数的 70%×80%)	100%				
合计					100%				
KPI	70%	1	线上 O2O 销售额	直营 O2O 销售 100%,30 分	30%				
				达到 90%~99%,28 分					
				达到 85%~90%,25 分					
				85%以下 0 分					
		2	线上 O2O 毛利额	直营毛利额达到 90%~100%,20 分	20%				
				达到 85%~90%,15 分					
				达到 60%~85%,10 分					
				60%以下 0 分					
		3	新媒体短视频	新媒体短视频完成率 90%~100%,15 分	15%				
				完成率 70%~90%,12 分					
				完成率 70%以下 0 分					
		4	新媒体直播	直播活动运营完成率 90%~100%,15 分	15%				
				完成率 70%~90%,12 分					
				完成率 70%以下 0 分					
		5	专业能力:平台运营能力	平台运营完成率 90%~100%,15 分	15%				
				完成率 70%~90%,12 分					
				完成率 70%以下 0 分					
		6	协助领导工作的完成率	协助领导工作每次规定时间执行 5 分	5%				
				拖延未执行 0 分					
合计					100%				
加分									
总分									

备注:关于加分标准,有突出贡献的加 3~8 分,有特殊表现为公司创造价值的加 8~15 分。

被考核人签字: 负责人签字:

一家龙头连锁药店的直播部门建立起来以后，如果企业决策者视之为一个战略性部门，可以牵一发而动全身，那么，直播部应该是企业在新风口、新营销序列的试金石，可以是新零售的排头兵，可以是企业经营管理全面在线化的先锋队，还可以是企业打通线下线上障碍的有力抓手。如果企业决策者决定自己企业的直播业务融入直播产业链，内引外联，直播部门还会扮演更重要的角色，承担更重要的任务。

更进一步，融入直播产业链并独具特色

作为一个已达万亿元市场规模的直播产业，其产业链形态无疑已经形成，并对各行各业产生越来越大的影响。

这条直播产业链中，品牌供应商和数据营销服务商、中游供应链服务商（MCN＋KOL）、平台渠道方以及综合技术商五大角色是其核心要素。区域龙头连锁药店如果介入其中，以下几个切入点值得思考：

（1）创办自己的MCN机构，或与现有MCN机构合作，在企业内部培养网红主播KOL，从而对上游品牌供应商产生吸引力，并进而通过输出内容（知识）营销，把公域流量转化为私域流量，形成存量用户黏性。当前，龙头连锁药店通过MCN公司打造企业IP和药师/健康“达人”个人IP的账号矩阵，是当务之急。

从策略上考虑，龙头连锁药店联合直播电商公司、MCN机构先期运作专门为品牌方服务的代播公司或项目，也是一个更为务实的切入点。

（2）联合数据营销服务商或综合技术服务商，主导或跟随介入医药大健康直播产业链，成为医药大健康产业链上（甚至就是药店直播链）服务链的一环，也是一个不错的选择。

（3）构建龙头连锁药店自己的平台渠道，通过直播短视频，不

断扩充私域流量池，把特定用户升级为依从度高、黏性强的终生价值用户。每家龙头连锁药店的医药互动力度和品类规划各不相同，平台渠道建设的重点和特色就会各不相同，最终都会形成差异化的平台渠道竞争力。

一些省市政府，如浙江（杭州）、广东（广州）、山东（临沂）、四川（成都）、福建（厦门）、安徽（合肥）等，近年来频繁出台文件，把发展网络直播作为新经济、新业态来推广，同时大力扶持兴建直播基地。我们认为，区域龙头连锁药店可以充分研究当地相关政府政策和直播产业链市场状况，找到切入点和企业自身定位特点，择机进入，在这一轮产业风口中获得更大发展。

（韦力、胡宏敏、汪功积、张章奇、郭影坤、钱宁参与讨论修改，对本文亦有贡献）

全国药店直播大赛实验

——破冰、跨界、混营、合规

陈霖军　代　航　吴均福　韦　力

从某种意义上说，我们都是新人。无论是作为创作者，还是观众，我们其实都是第一次试着了解在线平台和网络视频究竟是如何运作的。

——《刷屏：视频时代的疯传法则》作者凯文·阿洛卡

把这场赛事称为实验，不仅是没有现有经验借鉴，需要探索的意思，更是一种创新必得的志向，那就是希望能够锁定药店药师为主的群体，通过评选出的网红开展常态化直播短视频运营，提升药师群体的社会价值，从而为药店在线经营找到立足点和发力点。整个大赛的推进过程，就是一个传统产业主动连接互联网平台、转型数字化经营的破冰过程，也是零售药店与直播产业跨界融合的过程，是一个混合经营机制的建立和完善过程。同时，无论赛事本身还是通过赛事所要倡导确立的方向目标，都必须符合政策法规，遵循事物发展的一般规律。

赛前准备

2020年11月末厦门电影节期间，第一届医药大健康直播产业论坛召开。这个论坛基本可视为国内区域龙头连锁药店企业家的专场。除此以外,直播业的专家、知名 MCN 机构负责人和中国医药物资协会研究院专家,还有明星网红等,同台论道或表演,有一种传统连锁药店被带入网络直播赛道的感觉。

也就从这场直播论坛开始,中国医药物资协会研究院有了举办药店直播大赛的想法。在中国医药物资协会研究院院长赵飚指导下,根据健阵医药制定的区域龙头连锁药店企业家问卷调查结果,研究院专家首先确定了区域龙头连锁药店跨界直播的几个课题,如网红药师评选、区域龙头连锁药店直播部门与常态化运营机制研究、药店直播带货模式等。

后又经多次商议,代航(中国医药物资协会研究院执行院长)、李从选(中国医药物资协会研究院国医馆发展研究所所长、葫芦娃药业 OTC 营销中心总经理)、张立武(五纪时代山东文化传媒有限公司总经理)、吴均福(中国医药物资协会副秘书长、重庆中盟医药股份有限公司总经理)、韦力(中国医药物资协会监事)、梁映枫(润扬泰和成都文化传播有限公司总经理)等决定先到龙头连锁药店区域总部去摸摸底,再研究以何种方式来推动药店直播活动的开展。

从那时起一直到春节前,上述专家和直播界人士到过重庆万和、广州金康、广西康全、湖南楚济堂、江苏百佳惠瑞丰、上海国药零售等知名区域连锁总部,与企业掌门人和新零售负责人等,特别就药店直播带货的组织形态等展开充分讨论,甚至还就建立直播部门等关键问题深度交流。其间,还在健阵医药董事长赵飚院长重启之道的行业大课上,结识了第三方直播平台微赞的营销负责人王莉梅和欧阳涛,后来与其掌门人周鹏鹏有过多次交流、深度探讨。最后我们共同评估的结论是:药店直播带货主要涉及药店直播体系建制的基础问题,没有基础,贸然开展带货比赛会有诸多不妥。我们及时把这个顾虑向协会做了汇报。

2021年2月春节期间大年初二的晚上。代航清楚地记得，他与药师帮创始人、千金大药房电商部负责人陈霖军通过一个较长时间的电话，讨论制定赛制规程。陈霖军欣然接过此任务，并在随后的时间里，专门为此在桂林、厦门、重庆、杭州召开过多轮专题研讨会。捉药师机构创始人李光与代航此时相遇相知，毅然决定支持这场专业赛事。中国医药物资协会高端滋补品分会负责人、知名营销策划专家宋涛，以及他介绍的国内知名MCN机构杭州映世互娱的总经理虞海明，厦门知名MCN机构奇迹山联合创始人黄冠森、直播策划运营专家纪丽珍等也对赛事坦诚指教，提出许多宝贵建议。

2021年4月初，在中国医药物资协会执行会长兼秘书长刘忠良关心指导下，经充分讨论决定成立第一届全国药店直播大赛组委会：中国医药物资协会为指导单位，中国医药物资协会研究院为主办方，重庆中盟医药股份有限公司为承办方，捉药师作为专业药学服务支持机构。同时，重庆双品汇论坛主席、重庆万和药房董事长唐先伟担任本届大赛组委会主席，赵飚担任赛事首席顾问，李从选和李光担任顾问，吴均福、代航、施能进（捉药师指派专家）作为核心执行团队，全面负责赛事筹划组织工作。至此，第一届全国药店直播大赛组委会正式成立并开展工作。

2021年4月3日，桂林漓江。在赛事顾问李从选先生召集下，吴均福总经理，韦力监事，陈霖军、张立武、李光、代航老师，以及厦大龙头班钟荣、杨丽娟、田青青等同学，10多位专家在此研讨到第二天的凌晨2点，大家开怀畅谈，意犹未尽。

李从选(中间右二)召集桂林药店直播研讨会

4 月 18 日,组委会核心成员来到重庆中盟,陈霖军专家向组委会主席唐先伟先生(左前二)汇报赛事规划和赛前各项工作准备情况。

重庆中盟会议室的直播赛制汇报讨论

5月24日，厦门大学。在厦门大学知识产权研究院林秀芹院长的亲自关心指导下，组委会的核心成员就赛制方案开展了激烈的头脑风暴。在当晚厦大龙头班的沙龙环节，组委会宣布首届全国药店直播大赛正式启动。

吴均福宣布全国药店直播大赛启动

组委会成立后经过多次反复讨论、充分论证的第一件事，就是把比赛分成两个部分，即网红药师评选比赛和直播带货比赛。这为后续更好构思药店直播带货流程和方式留下足够的时间。而此时，曾在央视开过直播短视频系列课程的北京脉课科技联合创始人田晓锋老师，决定加入组委会，和研究院、捉药师一起组织专家老师开展网课系列培训设计。授课专家老师除了前面提及的以外，还有康震（国家药监局执业药师资格认证中心高级顾问）、赵俊鸿（巨量引擎大健康产业运营总监）、林步仕（捉药师机构总经理）、杨志平（厦门抖音直播培训师），以及药店系统网红主播王旭琴、王桥通、高燕、灵芝等。至此，网红药师的赛前培训轰轰烈烈拉开了序幕。

建网课培训群是一个看似容易却又非常费心的细活。在统一管理协调下，马俊月、绘心、罗小芳、杨艺、末狸、何梦瑶、傅晓砚、尹芳、陈烽等群主尽心尽力，与区域龙头连锁企业负责人、指定群管理员等反复沟通，终于在规定时间内建成了60个群，近万人参与赛前初级培训。微信群里有正式视频网课40多节(每节5～10分钟)，集中在如何练就网红药师/网红门店、短视频制播运营、提升在线药学服务能力三大系列，还有导师说、导师微课堂、金牌药师说、学员作品专家点评等内容穿插其中，严肃认真，活泼有趣，学员和老师专家互动积极。

考虑到原定比赛期间有执业药师考试，组委会特别为此让路。10月25日(正是执业药师考试结束的第一天)开赛，至12月25日整整两个月，参赛药师选手们在抖音、微信(视频号)、快手等平台展开激烈角逐，行业内外的观众受到一次全面药学知识和专业服务技能展现的科普宣传洗礼。

正式比赛及其赛制安排

经过反复多次的调整修订，最后定案的赛制规程主要内容如下：

1. 报名条件

须为在连锁药店或单体药店从事药品质量管理、药学服务工作的各类药学技术服务人员，并且需满足下列条件之一：

(1)参赛对象能个人自由提供符合主流价值观的药学科普、大健康知识创意短视频作品。

(2)参赛对象须爱岗敬业，遵纪守法，无违法违纪行为，无重大差错事故。

(3)参赛对象须积极参加社会公益活动，通过多样化的在线形式开展疾病预防、合理用药的科普宣传。

(4)参赛对象须遵守赛事组委会制定的各项赛事制度和规定。

2. 报名形式

(1)自己报名；

(2)单位组织报名；

(3)邀请报名。

3. 百佳网红药师评选标准

(1)个人网络社交平台(含抖音号、快手、视频号、微信号、小红书)累计“粉丝”数＞10000，其中抖音号个人“粉丝”数＞1000。

(2)赛事期间按组委会要求每个月拍摄、制作、上传到个人平台的合规(自选动作＋规定动作)短视频≥5，但每月只需挑出点赞数最多的某一平台上的一个短视频作品来参加评选比赛。

(3)赛事期间个人短视频作品点赞数大于组委会统计的行业均值。

4. 网红药师评选条件

需取得执业药师、从业药师、职称药师(初级、中级、高级)职称以及经过主管部门审核认定的其他同级别的药学资质者。

5. 百佳网红门店评选标准

(1)参评门店必须含 2 名或以上在职执业药师。

(2)参评门店全体在职员工全网累计“粉丝”达到 100000＋(抖音、快手、视频号、小红书、个人微信、企微、微信群)。

(3)参评门店线上销售占比超过全店 10%(含 O2O/社群小程序、直播销售)。

6. 比赛

(1)比赛时间：10 月 1—25 日预赛(不计成绩)，10 月 25—12 月 25 日正式比赛。

(2)专家评审组进行评审，评选出百佳网红药师 100 名(其中前十强选手获评为十大网红药师)。

(3)同期组委会进行百佳网红门店评选，评选结束组委会将评审结果在赛事指定平台公布。同期举行线上线下同步的相关培训。

7. 颁奖典礼

评选出百佳网红药师、百佳网红门店，在重庆双品汇上举行隆重颁奖典礼。

时间为 2022 年 3 月大健康产业（重庆）博览会暨双品汇召开期间。

这场比赛有以下几个关注点：

第一，如何发动药师，激发他们赛前培训、报名参赛的积极性。

这次参赛的主体单位为全国各区域龙头连锁药店企业，而这些企业的董事长或总经理大多在中国医药物资协会厦门大学龙头班学习（2020 年 11 月—2022 年 3 月）。一年多的学习期间，龙头班同学还在一起做一个课题，写一本书——《看得见的风口：药店直播时代到来》。这是组织这场比赛的基础。以为各龙头连锁药店企业的参赛药师选手建立赛前培训群为起点，加上其他一些地市连锁药店企业的联合培训群，赛前培训对象群体就初步建立起来了。

为激发药师们赛前培训和参赛报名积极性，组委会一方面组织专家深入连锁药店总部召开启动会，增强药师们的现场互动参与感；另一方面精心设计课程（包括各种各样的专家直播答疑互动），甚至寻找到中国药店最早的两位七星药师（原北京金象大药房副总经理叶真和上海第一医药商店副总经理崔莉萍），以及近年来被评选出来的金牌药师、最佳执业药师等，请他们与参赛网红药师选手互动，提高群内药师的参与度，取得较好效果。而学员选手学以致用的短视频作品得到授课老师的及时点评，也是非常受欢迎的。当然，关键还是老师们的网课，各有所长的专家老师使出浑身解数，把自己所长尽力教给学员，教会学员。

2021年9月23日，组委会在60个网红药师赛前培训群统一发出这样一段文字：

从怀仁大药房网红培训群得之，怀仁刚刚对其参加培训的网红药师发出企业员工短视频征集嘉奖令："网红药师拍摄短视频合格，被采纳上传怀仁大健康抖音号、视频号奖励网红药师20元，每月50个名额。"这则短信让组委会所有成员深受鼓舞，授课专家也非常开心，说明大家共同的付出得到企业和受众的认可，也说明怀仁激励药师参赛的魄力和眼界！为怀仁大药房林承雄董事长"点赞"，为怀仁网红培训的具体组织者和参赛选手"点赞"。希望各赛前培训企业(群)的企业领导和选手也能高度重视，向怀仁学习，为推动药师和销售精英掌握线上沟通的专业技巧技能，为提高药师在线药学服务能力，出实招，做引领，加油。

第二，首届大赛赛出百佳既是目的，又不是目的，关键是比赛过程及其后续赛事等，我们要持续取得什么样的成效，这些成效于企业、于药师个人、于行业、于社会，有没有持久坚持的意义？

这次比赛锁定药店执业药师群体，是要决出100名网红药师。那么，药店执业药师为什么重要？这点毋庸置疑。但是，执业药师如果成为网红药师——这到底有什么意义，重要吗？当然十分重要。众所周知，自2020年疫情暴发以来，消费者及其各种消费(订单)在线化趋势尤为明显。道理很简单，如果顾客越来越倾向在网上、线上寻医问药，那我们的药店经营、药学服务就应该跟着顾客走到那里。中国零售药店整体上还处于传统经营管理模式，药学服务还基本局限在线下实体门店，而在直播电商和互联网医疗、医药电商大行其道的今天，药店不转型，药学服务不能线上线下交织提供，我们就会落后于这个时代。学习利用好互联网工具面向更多患者传播专业药学知识，争取更多线上流量到门店消费，于企业和个人都十分有益，但是谁来担此重任呢？这无疑应该是药店药师，他们是先锋队，也是最有实力和后劲的群体（药店的其他销售精英可以比照成为健康“达人”）。这些年品牌工业在线下投入大量的资源做动销，这两年遇到了瓶颈，也需要新的专业力量推动线上的动销，线上线下结合，才能取得实效，网红药师无疑是其最好的品牌形象代言人。如此，只要药师能够成为网红，整个医药零售行业的品牌产品供应链才能在互联网时代发挥品牌引领作用，消费者才能够得到他所需要的医药健康服务。而举办首届全国药店网红药师的评选比赛，就好似吹响一次网红药师的集结号，号召力够大，影响面也会持续扩大。

设想一下，如果连续举办十届，就会有 1000 名网红药师被评选出来，那个时候的阵容就会是相当强大了。

不要寄希望于一次比赛能解决很多问题，这是不现实的。很多时候，一次活动能够解决一个关键问题就相当了不起了。我们认为，关键是这个比赛的过程，它能够跨界调度这么多的社会资源，也能够得到企业决策者和药店药师们的整体关注和积极参与，探索直播与药店传统经营管理融合的混营模式，这本身就是一个创举——尽管我们不知道结果如何，但是，我们已经走在这一条正确的道路上。

第三，网红药师评选与直播带货又是一种什么样的关系呢？

在最开始的设想中，药店直播大赛就是直播带货大赛（网红药师评选只是一个前奏）——这也是一开始我们在对连锁药店企业做市调时，企业家们的共同想法。但在后面的直播带货模式选择和风险评估后，征得协会领导同意，组委会就把网红药师评选比赛作为重头戏了，直播带货附随其后。现在的比赛逻辑是，先评出网红药师——他们就是今后的直播短视频内容营销的主要输出者，也是最好的专业主播候选人；之后，再做带货直播比赛（各连锁的健康“达人”也可以参加）。药店带货直播的确比较难做，主要在于不是做一次，而是要长期做，每家龙头连锁药店的战略不一样，投入产出底线不一样，最关键的是大都还没有到做决定要建直播部门常态化运作的时候。所以，为争取更多的时间准备，也为了进一步选择合作方式、混营模式，药店直播带货比赛就往后面延缓了。

我们相信，这场大赛会给许多个人和单位带来根本上或形式上的一些改变。就拿我们组委会的几家单位来说：

重庆中盟医药股份有限公司是全国性联采分销合伙制商业企业，一直在寻找赋能股东单位的新方法、新模式。2021年9月，很可能是因为承办方具体负责推动药店直播带货比赛的缘故，与专业直播机构合作，开出了中盟自己的直播间，并开始试运营。按照吴均福的说法，是要“自己先试水，模式走出来，才能找到赋能股东连锁药店企业的方法，推进大赛和行业的直播混营”。

捉药师作为大赛药学服务的专业支持机构，在线情景教学、执考辅导、全科药师微信群案例带教等，很有特色。在组织这次赛事过程中，包括参与编写药店直播书籍，呼应零售药店系统多样化、全面在线化经营管理以及专业药学服务必须要创造效益的（连锁药店企业家的）呼声，一定会给捉药师团队如何通过互联网平台加强直播培训教育、帮助药师继续教育提升的方式方法带来更多的创新创造动能。

脉课科技在介入赛前专家老师的网课课程设计之前，本来是一家打造直播培训师个人IP培训机构。在医药行业，他们也才刚刚涉入医生个人IP的业务。但在多次交流了解比赛内容和初步介入之后，田晓锋做了几个决定：(1)公司将把打造药师个人IP和药店企业IP作为今后的主要业务板块，他将亲自领衔；(2)深入零售药店领域，寻找药店转型直播、新零售服务合作机会；(3)探索与品牌工业联合新营销的合作方式。

真正的改变其实是在我们试图改变别人的时候，我们却无意间改变了自己。五纪山东文化传媒有限公司张立武老师这些年一直在研究如何利用门店现有资源增进私域流量。但在市调和进入赛制组织过程中，他突然发现还有利用平台把公域流量转变为私域流量的现实课题。“必须在实践中去学习解决，”张立武认为，“只有这样才能抓住连锁企业痛点，确实解决扩充私域流量并使之成为存量的迫切问题。”

大赛意义

一场赛事就是一场赛事。作为组委会成员，尽管知道第一届很困难，但是，知难而上，敢于挑战，就是希望能够聚集行业内外专家和企业家的智慧，在大家的共同努力下，把它办好。今年办好了，今后才有机会年年办。关于这场大赛的意义，作为组织方，我们要把办赛的初衷和设想分享给各位，也希望得到社会各界、各方面的支持理解。

1. 行业商业模式与营销模式变革实验

医药产业链整个的商业模式是否在变革？作为医药产业链的前端连锁药店的商业模式是否也暗流涌动？

回顾中国连锁药店的发展史，从1996年国内第一家标准化的连锁药店在深圳诞生到目前5000多家连锁药店，国内连锁药店以5年为周期持续商业模式变化，2021年到2025年这5年时间会发生什么？可以肯定的是一定不是以前的价格战、高毛利、联采，而是专业！专业一定是连锁药店未来，是任何一种商业模式的核心，而就算在AI再发达的时代仍然是以人的专业为中心。以利润、专业、人或人、货、场新零售三要素来重新定义连锁药店的商业模式，本次大赛就是新零售三要素的优化组合实验，不一定能找到最优组合，但一定在组合变化中让不同的连锁药店企业、不同企业掌门人有可能去思考甚至找到各自的最优与次优。

2. 推动药店网红药师与网红门店不断涌现出社会价值

本次大赛将在全国首次评选出百佳网红药师以及百佳网红门店。网红药师与网红门店是一种行业的示范效应。

在本次大赛筹备之初，几乎所有的专家都担心“网红”二字是否如同过眼烟云，一热而散，最终协会领导决定让组委会大胆尝试。组委会组织专家经过反复研究论证后一致认为，名为网红，但实归药师，只要心存善念行则久远。网红药师评选比赛应运而生。在执业药师为参赛主体的前提下，网红赛事紧扣正能量、紧扣专业、紧扣用户，这三个标准成为大赛的基石。大赛明确提出全国百佳，有如改革开放之后各行各业涌现的全国百佳一样，历史会让他们在恰当的时间来引导药店药学服务及其直播业务板块的价值取向，从而为药店系统从整体上、专业上、在线药学服务的方向上，给健康中国的健康促进、健康教育、健康管理的社会治理做出零售药店应有的贡献。

3. 寻找区域龙头连锁药店线下线上结合的新零售基点

我们看到历史上各种伟大的变革往往都是在局部发芽壮大的。中国医药零售行业有一个显著的特征就是大量的区域龙头连锁药店企业的存在。

新零售的变革需要区域龙头连锁先行先试，需要龙头连锁率先走出无人区，需要龙头连锁有自我革命的勇气。本次大赛立足于区域连锁的区域优势，倡导连锁药店从人效、品效、场景革命来重构市场格局，以新零售和全员的在线化来促进线上与线下的融合发展。

我们相信，只要找准网红药师、网红门店这个零售药店最重要的经营服务要素，匹配好合适的商品，就一定能撬动新零售的杠杆！

4. 进一步的思考：药师 IP 与药店企业 IP 结合的可能性问题

如果说百年老店只是历史，那么品牌一定是当下。尤其是互联网、数字化时代，涉及新零售各要素的知识产权 IP 打造，当属重中之重。

连锁药店企业 IP 是品牌的数字化升级，IP 的本质是品牌与用户的数字化连接器，企业 IP 是唯一的、可量化的资产。企业 IP 与药师个人 IP 之间是什么样的关系呢？可以肯定的是企业 IP 与药师个人 IP 一定不是对立的关系，两者之间能否形成一种乘数效应，这取决于以下三者关系的构建：

(1)法律关系的构建。自古皆有法，而现代的法体现在一种合约、合同、契约，企业与个人作为两个完全独立的个体，毫无疑问首先需要界定好两者之间的合约，在传统的雇佣关系上增加新的契约，包括经纪人合约、代理人合约、机构合约等。

(2)经济关系的构建。个人 IP 建立在个人专业价值、社会价值之上，当个人 IP 建立起来之后必然带来商业价值的变化，企业与个人之间原有的雇佣经济关系必须叠加为新的经济关系。在企业层面必须认可个人 IP 的商业价值，并给予相应的体现与回报。

(3)时空关系的构建。个人 IP 的成长有时间上的逻辑，在不同的阶段有不同的要素，企业要扶持规划注册在本企业的药师打造个人 IP，就不能固守在原来的时空门店，因为个人 IP 的存在已经突破了原来的时空关系，而企业的经营范围和对象也已经开始突破传统意义上的商圈范围和会员体系。企业与个人时空关系的变化需要双方在不久的将来，坐下来坦诚认真地谈一谈：在新的用工契约时代，我们应该用怎样的视野与心态来创新构建我们之间新的时空关系呢？

（何家伦、邓金花、王轶超、韩再富参与讨论修改，对本文也有贡献）

看得见的风口之后

赵　飚　李从选　代　航

用人与人连接形式和连接效率的改变来判断风口，这就是一种赋能。当风口来时，我们不用傻傻地等，不用仓促地扑，更不用等风口过后假装自己漠不关心。愿我们有能力善待每一个风口，也能够被每一个风口善待。

——《引爆视频号》作者张萌

雷军先生那句“站在风口上，猪也能飞起来”的名言，至今还让人咀嚼回味。网络直播虽然经过五六年的迅猛发展，形成了蔚为大观的市场规模和影响力，但是，对于零售药店而言，由于政策、专业壁垒等原因，我们认为，这仍然是零售药店（主要是龙头连锁企业）的一个看得见的风口。

通过前面的学习了解，就算我们认为现在开展药店直播业务依然是一个看得见的风口，那么，风口似乎都有过去的时候——一旦风口过后，或者我们看不见明显刮起的风口了，我们该怎么办？

“别担心，风口永远都有”

其实，只要有风，有形成风口的条件，就会有风口来临。风口来临，你可能赶上了，也可能错过了，没关系，只要你足够留意，足够用心，有足够的准备，你就不会错过。就算是错过了，也总有下一个风口。这个世界，总会有风口，一波又一波，一个又一个。“别担心，风口永远都有”，就看你愿不愿意躬身入局了。

时代的潮流总是滚滚向前，时代的高铁总是呼啸前冲，后浪永远都会把前浪打在沙滩上，有些人因为相信才看见，有些人是因为看见才相信。在中国经济社会高速发展的洪流中，入潮弄潮，浪遏飞舟；只有激流勇进，乘风破浪；只有躬身入局，身体力行；只有与时俱进，勇于探索与创新，才能不被时代风潮抛弃。

中国目前互联网产业及互联网应用创新，更是引领全球，美国对华为5G技术以及字节跳动下属抖音的打压就说明，在互联网流域，中国也成为创新的策源地，且在互联网相关的产业应用方面，因为中国人口多，制造业发达，很快会超越美国，也就是说今后很多互联网的风口，包括直播以及以后各种创新的风口都会来自中国，领先中国就是领先全球。

直播与短视频的快速崛起，抖音与今日头条算法对消费者心理与行为的把握，已经超越美国，以前咨询行业是通过问卷，推测预测人们的消费心理与行为习惯，现在是算法算尽你的浏览阅读习惯，记录你的网上购物习惯，记录你的一切在线行为，然后就计算出你的各种行为与心理喜好，投其所好满足你，互联网算法比你还了解你。

当今之中国，经济学家预测GDP会在大约2030年前后超越美国，科技与军事也在全面追赶与超越美国，全球30来个发达国家，大都完成了工业化，但工业体系和门类不健全。我国尽管还不是发达国家，却是已经全面完成工业化的国家，全球所有的工业体系与门类我们全部都有，可以说没有中国不能制造的东西，我国有很多产品的制造能力都排在全球第一位。比如预防新冠的疫苗，我国年生产能力达到30多亿剂，产能全球无人可敌。

人工智能和互联网技术中国也后来居上，领先全球，其中一个重要的原因是中国有14亿智慧勤劳的人民，中国还有世界上数量最多的大学；14亿中国人民都有着对美好生活的追求，这是一个巨大的内需市场，也是中美贸易战我们不败的主因之一。我们依靠内需产生的内循环，就足以驱动经济的持续发展，更何况中国人智慧超群，在生产、生活中，无数劳动者都在进行发明创造，都在创造无限多个新的风口。比如社会生活中，中国的健康码、行程码都是全球创新且最有效的疫情管控手段，因此我们认为以后中国自己创新出来的风口一定越来越多，风口会一波接着一波刮起！我们只有跟上一个个风口，随风起舞，才会与时俱进，在一个个风口中飞舞起来，舞出优美舞姿。

有人说“搞药的都不懂互联网，搞互联网的都不懂药”，因此医药互联网没有人才，也就是说，医药互联网的各种风口里，没有行家里手。医药行业受到行业政策、制度限制较多，确实较难突破，大家都在风口中摸索前行，大家都在小心翼翼，但如果你不怕风浪，深入实践、深入研究，你就是风口中的先行者，受益于新风口带来的巨大利益。比如医药零售行业一个并不是很大的公司——四川泉源堂药业有限公司，依靠自己的坚持与探索，成为中国O2O药店的霸主与标杆，成为O2O风口中的飞行者。

我们期待医药零售行业的精英们，不但能跟随时代快速进入一个个风口，更期待各位企业家与时俱进，砥砺前行，乘风飞扬，让中国医药零售事业不断酝酿甚至创造各种风口的条件，遍地劲吹创新求变的新风。如此，你还愁赶不上风口吗？

药店直播的未来猜想

在直播以暴风般的速度席卷整个社会的过程中，药店同样也身处其中。直播作为一种社会文化、娱乐文化与新型商业模式的结合，某种程度上将对现有的文化和商业带来巨大的改变。这样的改变同样会在药品零售业里发生。这个改变现在正在进行，但它对药品零售业的影响会有多大，会走多远，会带来哪些具体的改变，在没有成为现实之前，是无法准确预测的。现在我们只能有一些大方向的预估。我们主要谈几个值得大家去关注的点。

1. 直播成为全渠道之一

直播平台本身已经成为一种销售渠道。直播本质是一个传播渠道，是用于传播的，无论是传播娱乐内容，传播知识技能，还是传播产品信息，核心都是传播。但随着技术不断成熟，直播平台已延展为传播与销售结合的综合性平台。这个平台与传统的线下销售门店和传统的线上销售平台是不一样的。其最重要的价值在于消费者获得了相关的产品信息后立刻就可以完成购买的行为。这些购买行为有些是出自冲动，有些是源于方便。无论是什么原因，这都是一种与过去不同的销售场景。直播可以在极短的时间内规模化地走完 AIPL 模型的至少前三个流程，完成购买行为。这是过去的销售渠道很难做到的。过去快速走完这个流程基本只能完成少量客户，而直播却可以推动海量客户完成这个过程。

至于未来直播平台的销售会占全渠道的多少比例，还不能确定。总体而言，我们认为比例不会太大。虽然直播可以快速完成 AIPL 的流程，但完成以后，一旦消费者形成产品认同，这个产品的购买多数会回归到更传统稳定的销售渠道。因此，直播平台更适合的是新品推广、冲动型购买、大型促销活动等销售场景。直播更主要的是成为传统零售业的一个重要的补充，或者说成为零售业全渠道产品销售中的一个渠道之一。这个渠道很难成为主要渠道，但一定会成为一个有重要价值的渠道。

对于药店而言，直播必然是其建设的一个销售渠道。它将在药店的新品推广、增量产品销售形成重要推力。直播销售平台的建设，得以电商平台的建设为基础，否则无法在平台实现 AIPL 的销售闭环。因此，药店未来一定是同时建好电商平台和直播销售平台，并把两者高度融合起来。

2. 直播成为新品推广的营销平台

与传统的线下门店和传统电商相比，直播的营销功能更为重要，它提供了一种与过去完全不同的营销方式。

首先，直播是一种娱乐性非常强的营销模式。直播把产品营销与娱乐高度结合起来。这比传统的各种广告都更加有趣。它更生动，更互动，更符合年轻人的生活与消费习惯。娱乐营销在未来将会占有越来越重要的地位，而直播一定是娱乐营销极为重要的一种方式。

其次，直播是全视觉的营销。现在是一个视觉时代，通过直播、短视频等方式，消费能够更快更容易理解，消费者也更喜欢接受。

再次，直播能快速完成海量产品的 AILP 的整个流程，能够以极低的成本迅速完成产品试销试用，完成客户的产品体验。其时效性与真实性都是过去的产品推广模式难以完成的。

最后，直播结合了“粉丝”效应，能更好地完成品牌认同，甚至快速实现品牌忠诚度的建立。在一个“粉丝”经济的时代，直播把产品的内涵与明星网红的个人特性结合起来，从而让产品本身变得更有活性，更能具备个性化特征，也具备了更强的情感属性，而情感属性是建立品牌忠诚度必不可少的条件。

在此过程中，药店主要需要做好以下两件事：

一是更好地与生产企业协同。建设从生产到全渠道经营到全渠道市场营销的整个配套体系。这包括线上直播销售平台的搭建，包括协同的顾客管理、精准营销及更深层次的顾客服务。

二是建立企业内部直播体系，建立连锁药店自己的网红队伍，通过直播的新品营销、促销等经营模式，建设顾客忠诚度等。

3. 直播成为重要的顾客教育途径

过去的顾客教育，往往是通过社会基础教育、大规模投广告、一对一传播等方式完成，这种教育方式费用巨大，周期很长，效果往往也不佳。未来，直播将会成为非常普遍的顾客教育方式。

在此过程中，企业将培养出健康管理师、执业药师、销售网红等各种专家型与销售型直播人才。同时，按照新型的经营与服务模式，对企业内部的经营管理体系进行改造，从而让企业具有更多元的顾客教育与服务能力——企业与顾客形成更强的黏性，让企业变得对顾客更有价值。

当然，直播并非永远都是风口，随着科学技术与顾客消费习惯的改变，未来还会有很多新的销售渠道、销售场景、经营模式产生。而企业，也只有不断学习，不断完成企业的升级变革，才能始终走在时代的前列。

“看不见的时候，也有风口”

其实，很多时候我们或许真的是看不见什么风口。这一是与我们的主观愿望有关：

“我就不想看见。不想，那又怎么样呢？”

二是想看见，但是：

“怎么看也看不见。”

更多的情况恐怕是：

“看了，觉得现在还不合适，还不具备条件——我还有更重要的事要在此之前做。”

就先说说这种“更多的情况”吧。

一个企业家是否要开始做一件事，首先取决于他的眼界和决策思维。眼界高的人，视野宽阔，对风向、风口的感知力强，可以比其他人看得远，看得准，但要不要做这件事，需要做一个判断——

企业家有什么样的决策思维，就会有什么样的判断。决策思维正确，判断才会正确。不同的企业家，思维方式不尽相同，决策思维的习惯也会不同。一般而言，正确的决策思维应该要有“大胆决策，小心测试”的特点，能够在下判断前处理好“大胆”与“小心”的关系，企业家的决策思维就不会有太大的偏差。

其次是决策过程。无论是民主决策，还是独断决策，也无论是依靠企业家及其组织系统先前的经验，还是企业家个人的直觉，决策过程实际上就是一个对先前判断的一个求证过程。决策过程绝不能变成一个纯粹的逻辑推理过程，需要有数据支撑，以及各种测算、各种市调，很多时候，更需要一定时间的积淀——在仓促的决策与稳重的决策之间，时机的准确把握往往就是企业家决策水平高低的体现。

从某种意义上说，决策过程就是企业家权衡自身组织体系内各种条件、能力以及内外资源要素能否有效配置的问题，也是企业家构建商业模式、创新市场业务的开始。一个行业甚至整个市场都出现风口的时候，企业内外部的各种资源要素都会涌动，企业家的战略决策以及资源配置一定会面临重大机遇，创新市场业务的空间就会显得无比广阔。

对于直播是否要做的决策，就取决企业家对未来风口的判断与把握，看到了直播的前景，不甘人后，小心谨慎地去做，总比看不见不愿做要好！

如果此时此刻，企业家说：“风口在哪里？没有看见。就算是看见，又如何？”

“对不起，风口在这里。看不见的时候，也有风口。”

巨变时代，随着科技革命的迭代，新模式层出不穷，你看得见看不见，都会出现，因此才有“淘汰你与你无关”的说法。企业家每时每刻都在面临决策，尽管在外人看来，有许许多多的风口似乎都在等着企业家去做重大的决策。其实，站在企业家的角度，他或许会说：不要说我看不看得见风口，也不要说风口在哪里，这对我来说，都不重要，重要的是在此时此刻，我还没有想好、准备好——如何来干这件事！

这就对了。风口来临时，或者风口之后，我们实际上并不知道每个人是否应该都来干同样一件事。有的人是想好了再干，有的人先开枪后瞄准，干了再想，还有不少人是边想边干，或边干边想；有些人会说出来，有些人不会说，有的探索颇有收益且获得了成功，有的探索毫无结果，但未来却一定属于勇于探索的企业家。总之，每个人的决策思维和决策过程不尽相同——尤其是企业家，我们并不指望这本书连同这些内容，能够告诉他们什么是风口，如何抓住风口——相反，他们知道风口其实任何时候都有，要不要做这件事，与此无关。

这样来看，风口来临或风口之后，对企业家时时刻刻都在寻求的创新求变而言，恐怕真的没有太大的意义——至少并不具有决定意义。但是，只有创新，企业在经营上才能更上一个台阶，经营必须创新，风口仅是一个创新的机会而已，这就如同连锁药店放开民营化，结果勇于进入的，就成了很多连锁药店企业家一样。

（陈国良、郭峰、王冠珏、宋雪萍、谭杰、张林安参与讨论修改，对本文亦有贡献）

后记一

在本书总顾问和主编领导下，组织中国医药物资协会厦大研修班的全体同学一起来编写一本书，虽然这不是第一本，但是，感觉这一本特别难，特别吃力，也特别有挑战性，特别有成就感！

这本书的书名、章节内容，就像是一个大的课题和十三个小的课题，在一年的时间内要完成，很不容易。一是书的题目看起来很潮，却没有非常成熟的参照框架，好似一场未知的野外生存体验，注定是一次探险；二是参与编写讨论的连锁企业老总同学们，真的是工作繁忙，虽然工作中也有涉及篇章内容的实务，但很难得有整块的时间进行深度思考；三是参与写作的研究院专家，也大多一边学习，一边调研，一边实践，没有十足把握正确引领每一个小的课题。总之，我们是在不确定性的语境中开展这项课题研究的。

好在唐先伟总顾问、厦门大学林秀芹教授给予了巨大鼓励和支持，全体参编人员无畏探索和相互配合，我们终于得以如期完成这项艰巨的任务！

本书的编写框架为(总)顾问指导，主编负责，副主编协助，执行主编具体执行组织。

本书写作得以推进，无论是前期市场调研，还是分工协作，以及前前后后、反反复复的修改讨论，最后的统稿，我们要感谢的人真的很多，在此就不一一列举，对他们致以衷心的感谢！

由于时间短，水平有限，又是一次难度很大的集体合作，本书不尽如人意之处一定很多，希望得到同行和广大读者的批评指正！

代　航

于厦门

2021 年 12 月

后记二

当代航老师把这本《看得见的风口：药店直播时代到来》打印稿给到我手上时，说实话，内心十分兴奋，甚至有些震撼。

作为在直播短视频行业从业多年的专业人士，这些年直播电商流量红利快速衰减，少数人的直播带货、泛娱乐直播似乎已经开始泛滥，开始乏力，我们都在思考直播电商和直播事业下一步的发展到底在哪里？直播在传统垂直领域行业的渗透很显然是一个必然趋势，因为那里有大量的常态化直播人才，能够长期有效地输出知识内容，扩充私域流量，通过线上线下的专业服务粘住用户。而这本专注于药店领域如何做直播短视频的书，让我清晰地看见了这个必然。

医药行业及其大健康产业，因其特殊性，一直被互联网人士视为最传统的行业之一。2021 年 5 月 30 日，由我牵头发起的“视频号创业千人峰会”在杭州召开，此次峰会省、市、区领导均出席，全国近千人的视频号“达人”、博主相聚杭州，探讨继抖音、快手之后视频号的内容创作与发展。会议结束的次日，我还未来得及送别领导和全国各地的“达人”博主们，就受邀赶往代航老师他们组织的首届药店网红药师大赛在浙江赛区的现场培训启动仪式。也就从那时开始，我和我的团队对药店领域跨界融合直播短视频进展保持极高的关注度。我知道中国医药物资协会研究院、重庆中盟等正在组织百佳网红药师、百佳网红门店评选和直播带货大赛，这实际上是一个推动医药零售行业步入直播风口的抓手。大赛的意义，不在于大赛的本身，而是通过大赛带来一系列的产业促进和变革实验，让行业专家、企业家、基层门店的员工都参与进去，从而在探索行业商业模式与新零售变革实验中起到推进作用，成为催化剂，同时也能够去伪存真，在大赛流程和进程中力争找到适合于这个行业的直播路径。

雷军说："站在风口，猪都能飞起来。"时代的发展已经从第一次工业革命发展到现在的5G互联网产业革命，商业的迭代，风口一次又一次的更迭，你是否看见了风口，找到了风口，抓住了风口呢？风口之后是什么？下一个风口在哪里？下一个站在风口的是我吗？

本书付梓时，还得到了青年画家朱嘉雯老师的支持，专程为本书作了一幅插画《下一个》——这也是本书的题中之义吧。

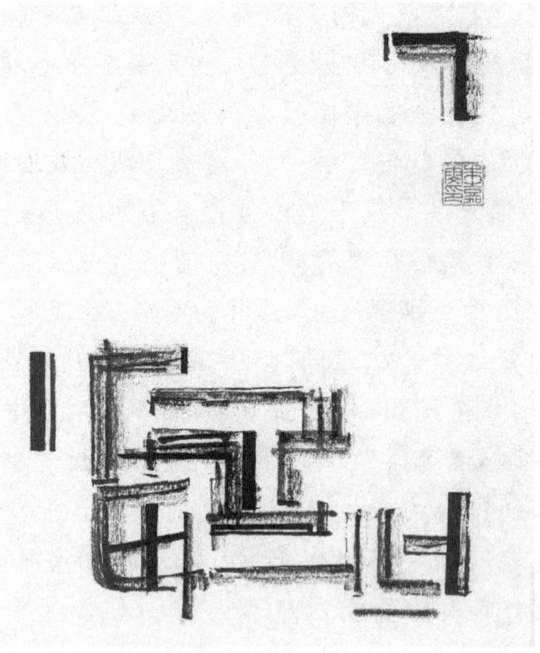

邹宗平

于杭州

2021年11月18日